Michael Wedel
**Ort und Zeit**

# Cinepoetics Essay

---

Herausgegeben von
Hermann Kappelhoff und Michael Wedel

## Band 1

Michael Wedel

# Ort und Zeit

Filmische Heterotopien von Hochbaum bis Tykwer

DE GRUYTER

ISBN 978-3-11-061592-0
e-ISBN (PDF) 978-3-11-061674-3
e-ISBN (EPUB) 978-3-11-061603-3
ISSN 2626-9198
DOI https://doi.org/10.1515/9783110616743

[cc] BY-NC-ND

Dieses Werk ist lizenziert unter der Creative Commons Attribution-NonCommercial-NoDerivatives 4.0 Lizenz. Weitere Informationen finden Sie unter http://creativecommons.org/licenses/by-nc-nd/4.0/.

**Bibliografische Information der Deutschen Nationalbibliothek**
Die Deutsche Nationalbibliothek verzeichnet diese Publikation in der Deutschen Nationalbibliografie; detaillierte bibliografische Daten sind im Internet über http://dnb.dnb.de abrufbar.

© 2020 Michael Wedel, publiziert von Walter de Gruyter GmbH, Berlin/Boston
Dieses Buch ist als Open-Access-Publikation verfügbar über www.degruyter.com.
Einbandabbildung: Screenshot aus dem Film „Lola rennt"
Druck und Bindung: CPI books GmbH, Leck

www.degruyter.com

# Inhalt

**Hinführung** —— 1

1 **Mischungen: EIN MÄDCHEN GEHT AN LAND** —— 6
    Irdisches Glück —— 6
    Verschiebungen —— 11
    In den Bezirken des Alltags —— 16
    Dinge hinter den Dingen —— 20
    Menschen, Gegenstände und Umgebungen —— 23

2 **Sprengungen: EIN LORD AM ALEXANDERPLATZ** —— 32
    Romantik und Realität —— 34
    Vergangenheit und Gegenwart —— 36
    Politik und Produktion —— 39
    Schein und Sein —— 42
    Großstadtfilm und Querschnittslogik —— 45
    Menschen und Dinge —— 50

3 **Kreuzungen: POLIZEIFILM** —— 55
    Beobachtung der Beobachter —— 55
    Revision der Abläufe —— 60
    Optische Anhaltspunkte —— 64
    Gestalten des Möglichen —— 71

4 **Spiegelungen: DIE SONNENGÖTTIN** —— 77
    Modell und Gestalt —— 77
    New York – Berlin —— 80
    Kino – Friedhof – Museum —— 83
    Am Strand von Santorini —— 91
    Spielformen der Fantasietätigkeit —— 96

5 **Taktungen: LOLA RENNT** —— 99
    Die Eröffnungssequenz —— 100
    Drei Runden, zwei Übergänge —— 104
    Das musikalische Rückgrat —— 109
    Einheit im Gegensatz —— 113
    Ein Drama der Platzierung —— 118
    Rücksetzungen und Zwischenspiele —— 123
    Spiralen der Historizität —— 125

**Literaturverzeichnis** —— 130

**Filmverzeichnis** —— 137

# Hinführung

> Die Verbindung der Geschichte mit einem Ort ist die Bedingung der Möglichkeit für eine Analyse der Gesellschaft.[1] (Michel de Certeau)

Wie jede Geschichte ist auch die des Films nicht nur als zeitliches Phänomen zu fassen. Sie lässt sich auch daraufhin befragen, wie ihre Orte beschaffen sind und in welchen Räumen sie sich vollzieht. Aus der Frage, welche Rolle dem Verweilen an einem Platz ebenso gut wie der Bewegung von Menschen, Dingen und Blicken durch Gebiete und Atmosphären, in die Nähe und in die Ferne, die Horizontale und die Vertikale, über Stadt, Land und Meer, Staatsgrenzen und Straßenkreuzungen hinweg zu verschiedenen Zeiten der Filmgeschichte zugeschrieben werden kann, ergibt sich das Thema dieses Buches. In fünf essayistischen Versuchen erkundet es die historischen Horizonte und politischen Implikationen filmischer Heterotopien im deutschen Film von den 1930er Jahren bis an die Jahrtausendwende. Unter jeweils leicht zueinander versetzten Blickwinkeln widmen sie sich Werner Hochbaums EIN MÄDCHEN GEHT AN LAND (1936), Günter Reischs EIN LORD AM ALEXANDERPLATZ (1966/67), POLIZEIFILM (1968/69) von Wim Wenders, Rudolf Thomes DIE SONNENGÖTTIN (1992) und Tom Tykwers LOLA RENNT (1998). Ihr besonderes Interesse gilt dabei den poetologischen Verfahren und ästhetischen Dispositionen, mit denen die Filme sich – in Zeit *und* Raum – auf je singuläre Art und Weise historisch verorten, die Idee der eigenen Geschichtlichkeit inszenieren.

Die übergeordnete Frage nach den räumlichen Dimensionen des Films hat das theoretische Denken über dieses Medium seit seinen Anfängen bewegt.[2] Wie Orte filmisch hervorgebracht werden, wird hingegen weitaus seltener gefragt. Wo von ihnen in Bezug auf Filme die Rede ist, sind zumeist die Drehorte gemeint oder die Schauplätze, an denen ihre Handlung, wie es so schön heißt, angesiedelt ist. Aber schon zwischen den Orten, an denen Filme entstehen, und den Schauplätzen, an denen sie spielen, tun sich zuweilen Abgründe auf. Den Orten eines Films produktionsgeschichtlich nachzugehen, unterscheidet sich grundsätzlich von einer Betrachtung seines inszenatorischen Umgangs mit ihnen, wenngleich zwischen beiden Formen des Zugriffs vielfältige Vermittlungen möglich und wünschenswert sind. Wünschenswert sind sie, weil sich im Wechselbezug von Drehort und Schauplatz eine erste Möglichkeit bietet, der ästhetischen Beschaffenheit

---

[1] Michel de Certeau: *Das Schreiben der Geschichte* [1975]. Frankfurt am Main, New York, Paris 1991, S. 88.
[2] Einen neueren Überblick bietet Karl Sierek: Filmwissenschaft. In: Stephan Günzel (Hg.): *Raumwissenschaften*. Frankfurt am Main 2009, S. 125–141.

filmischer Orte historische Kontur zu verleihen, ihre faktische Provenienz mit kultureller Bedeutung zu versehen.

In der Rekonstruktion der Verwandlung eines gefilmten Orts in einen filmisch dargestellten kann jedoch nur der erste Schritt bestehen. Es dabei zu belassen, birgt die Gefahr eines naiven Historismus, der mediale Darstellungen umstandslos auf die Abbildung lebensweltlicher Wirklichkeiten zurückführt. Für filmische Orte jedoch gilt ebenso wie für kinematografische Räume, dass sie „sich zwar auf die Realität der Alltagswahrnehmung beziehen", sich ihre „ästhetische Funktion [...] aber nicht in deren Reproduktion erfüllt".[3] Eine kritische Perspektive, „die das Kino in seinen historischen Ausprägungen erfaßt, um es auf seine ästhetischen Möglichkeiten zu beziehen",[4] tut daher gut daran, bei ihren topografischen Sondierungen stets eine „doppelte Wahrnehmungsbewegung" einzukalkulieren: Filme bieten nicht nur räumliche Repräsentationen, die als Handlungs- und Erzählräume mehr oder weniger narrativen bzw. diskursiven Sinn ergeben. Ihre auf komplexe Weise in der Zeit entfalteten Bildräume implizieren einen Modus subjektiver Wahrnehmung, der sich mit Hermann Kappelhoff als „Verräumlichung der imaginativen Aktivitäten des Zuschauers" beschreiben lässt.[5] Zu denken wären filmische Orte dann als Schnittstellen der audiovisuellen „Bewegungskonfiguration"[6] eines synchron und diachron vielfältig in sich verschlungenen Darstellungs- und Wahrnehmungsgeschehens. Ultimativer Bezugshorizont jeder historisch deutenden Betrachtung – d. h. einer Interpretation, deren Objektivität sich durch die Bindung an das Subjektive erst herstellt – bleibt „der dunkle Raum des Zuschauers" als „der einzige Ort, an dem sich die verschiedenen Wahrnehmungsspuren in ihren Interferenzen überhaupt als räumliche Einheit, als ein Bildraum erschließen lassen".[7]

An der korrelativen Hervorbringung eines solchen – vom Ort seiner Wahrnehmung her gedachten – Bildraums wirken die Kategorien des filmischen Orts (als das Fragment eines Raums) und des filmischen Raums (als ein Ensemble von Orten) in einem wechselseitigen Bedingungsverhältnis mit. Wie Laura Frahm im Anschluss an André Gardies[8] herausgearbeitet hat, handelt es sich um ein durchaus widersprüchliches Beziehungsgebilde, das in seiner Vielschichtigkeit

---

[3] Hermann Kappelhoff: Der Bildraum des Kinos. Modulationen einer ästhetischen Erfahrungsform. In: Gertrud Koch (Hg.): *Umwidmungen – architektonische und kinematographische Räume.* Berlin 2005, S. 138–149, hier S. 140.
[4] Kappelhoff: Der Bildraum des Kinos, S. 139.
[5] Kappelhoff: Der Bildraum des Kinos, S. 141f.
[6] Kappelhoff: Der Bildraum des Kinos, S. 147.
[7] Kappelhoff: Der Bildraum des Kinos, S. 147.
[8] André Gardies: *L'espace au cinéma.* Paris 1993.

theoretisch nicht leicht zu fassen ist: „Denn auf der einen Seite aktualisieren die filmischen Orte den filmischen Raum als Gesamtkonstruktion; auf der anderen unterhalten eben diese Orte aber auch eine direkte, unmittelbare Beziehung zur Ebene des medialen Raums", weshalb „sich das Mediale sowohl in die filmischen Orte als auch in den filmischen Raum einschreibt":

> Im ersten Fall ist die Medialität der filmischen Raumkonstruktion auf unhintergehbare Weise in der Konstruktion der filmischen Orte selbst verankert. Im zweiten Fall zeigt sie sich hingegen als Potenzial, die einzelnen Orte auf besondere, spezifisch filmische Weise miteinander zu kombinieren und zu einem filmischen Raum zusammenzufügen [...].[9]

Schon bevor Aspekte ihrer Medialität überhaupt bedacht sind, unterscheiden sich die Kategorien von Raum und Ort aber auch in ihren zeitlichen Dimensionen. Für Michel de Certeau bezeichnet ein Ort „die Ordnung [...], nach der Elemente in Koexistenzbeziehungen aufgeteilt werden".[10] Insofern sich an ihm „eine momentane Konstellation von festen Punkten" auskristallisiere, weise er stets „auf eine mögliche Stabilität" hin. Ein Raum hingegen bringe „Richtungsvektoren, Geschwindigkeitsgrößen und die Variabilität der Zeit in Verbindung" und bilde auf diese Weise ein „Geflecht von beweglichen Elementen aus". Als „Akt einer Präsenz [...] und durch die Transformationen verändert, die sich aus den aufeinanderfolgenden Kontexten ergeben", sei der Raum „von der Gesamtheit der Bewegungen erfüllt, die sich in ihm entfalten". Im Gegensatz zum Ort erzeuge er „weder eine Eindeutigkeit noch die Stabilität von etwas ‚Eigenem'".[11] In der Synthese *punktueller* Verortung und *prozessualer* Verräumlichung lasse sich Raum ganz allgemein als ein Ort bestimmen, „mit dem man etwas macht".[12]

In all seiner Skizzenhaftigkeit mag dieser kurze theoretische Problemaufriss doch genügen, um eine Einsicht zu fundieren, die sich bei der Arbeit am konkreten filmischen Gegenstand ohnehin schnell einstellt: Ohne die Räume zu bedenken, die Filme in der Zeit ihrer Wahrnehmung entfalten, lässt sich über die Darstellung von Orten ebenso wenig sprechen wie umgekehrt über die Konstruktion filmischer Räume ohne Verweis auf die Orte, die ihnen sichtbare Gestalt verleihen. Zur Kennzeichnung der Gegenstrebigkeit, die der zugleich konstituti-

---

[9] Laura Frahm: *Jenseits des Raums. Zur filmischen Topologie des Urbanen.* Bielefeld 2010, S. 139. Die Ort-Raum-Differenzierung dient Frahm zur Unterscheidung zwischen einem topografisch und einem topologisch angeleiteten Zugriff auf filmische Räume, in deren Formulierung die zuvor aufgezeigte phänomenale Komplexität allerdings tendenziell wieder zurückgenommen zu werden droht. Vgl. Laura Frahm: *Jenseits des Raums*, S. 171 f.
[10] Michel de Certeau: *Die Kunst des Handelns* [1980]. Berlin 1988, S. 217 f.
[11] Certeau: *Die Kunst des Handelns*, S. 218.
[12] Certeau: *Die Kunst des Handelns*, S. 218. Vgl. a. Frahm: *Jenseits des Raums*, S. 141.

ven und prekären Stellung filmischer Orte in Raum und Zeit eigen ist, greifen die Kapitel dieses Buches immer wieder auf Michel Foucaults (und Henri Lefebvres[13]) Begriff der Heterotopie zurück. Foucault beschreibt Heterotopien als gesellschaftlich geschaffene und historisch veränderliche „Gegenräume", „lokalisierte Utopien", die scheinbar unvereinbare Räume und Zeiten an einem Ort versammeln.[14] Für ihn (wie für Lefebvre) sind sie Störmomente im normativen Verteilungssystem von Wissen und Macht, Chiffren epistemologischer Verwerfungen, gesellschaftlicher Krisen und historischer Umbrüche.[15]

Foucault selbst führt das Dispositiv des Kinos – „ein großer rechteckiger Saal, an dessen Ende man auf eine zweidimensionale Leinwand ein dreidimensionales Bild projiziert"[16] – als Beispiel für sein Verständnis des Heterotopischen an. Auf die in dieser pauschalen Zuschreibung schlummernde Herausforderung ist von Seiten der Film- und Medientheorie vielfach reagiert worden.[17] Das vorliegende Buch erhebt keinen vergleichbaren theoretischen Anspruch, oder nur äußerst bedingt. Wenn in ihm von ‚filmischen Heterotopien' die Rede ist, so dient Foucaults Begriff als Ausgangsimpuls, um die damit bezeichnete Konstellation an den ausgewählten Beispielen in den Formen ihrer jeweiligen historischen Konkretion zu eruieren. Dabei machen sich die einzelnen Fallstudien, auf Bruchstellen und Wendepunkte der deutschen Filmgeschichte zugreifend, die Möglichkeit zunutze, entlang des Begriffs der Heterotopie „in Raumzeiten statt in Zeiträumen zu denken"[18] und so an den topografischen Selbstentwürfen der Filme Widersprüche und Missverhältnisse, Risse und Intervalle, Unterbrechungen und Zäsuren, Wiederholungen und Verschiebungen nachzuzeichnen, wie sie sich herkömmlichen

---

**13** Henri Lefebvre: *Die Revolution der Städte* [1970]. Frankfurt am Main 1976, S. 138: „Isotopien: Orte des Gleichen, gleiche Orte. Nahe Ordnung. Heterotopien: der andere Ort und der Ort des Anderen, das ausgeschlossen und gleichzeitig einbezogen wird. Ferne Ordnung. Zwischen diesen neutrale Räume: Kreuzungen, Durchgangsorte, Orte, die zwar nicht gleich Null, wohl aber indifferent (neutral) sind."
**14** Michel Foucault: Die Heterotopien [1966]. In: Ders.: *Die Heterotopien / Der utopische Körper. Zwei Radiovorträge*. Berlin ³2017, S. 7–22, hier S. 10, 14.
**15** Vgl. Foucault: Die Heterotopien, S. 11–13, sowie Michel Foucault: Von anderen Räumen [1967]. In: Jörg Dünne und Stephan Günzel (Hg.): *Raumtheorie. Grundlagentexte aus Philosophie und Kulturwissenschaften*. Frankfurt am Main ⁸2015, S. 317–329.
**16** Foucault: Die Heterotopien, S. 14.
**17** Vgl. z. B. die Beiträge in Hans Beller, Martin Emele und Michael Schuster (Hg.): *Onscreen / Offscreen. Grenzen, Übergänge und Wandel des filmischen Raumes*. Stuttgart 2000; Nadja Elia-Borer, Constanze Schellow, Nina Schimmel, Bettina Wodianka (Hg.): *Heterotopien. Perspektiven einer intermedialen Ästhetik*. Bielefeld 2013; Marcus S. Kleiner (Hg.): *Medien-Heterotopien. Diskursräume einer gesellschaftskritischen Medientheorie*. Bielefeld 2016.
**18** Christoph Tholen: Heterotopien. Eine epistemologische Skizze. In: Nadja Elia-Borer, Constanze Schellow, Nina Schimmel, Bettina Wodianka (Hg.): *Heterotopien*, S. 9–13, hier S. 9.

historiografischen und ästhetischen Binärmustern von Zeit und Raum, Kontinuität und Diskontinuität, Kohärenz und Inkohärenz allzu oft entziehen.[19]

Dass auf diese Weise (historische) Zeit im (filmischen) Raum lesbar wird, wie die von Karl Schlögl kürzlich wieder in Umlauf gebrachte Zauberformel für den *spatial turn* in den Geschichtswissenschaften lautet, ist eine These, die sich dieses Buch in anverwandelter Form zu eigen macht.[20] Der Gedanke, dass es in diesem Zusammenhang nicht darum gehen kann, die Dominanzverhältnisse einfach umzukehren, lag bereits Reinhart Kosellecks Reflexionen zu Raum und Zeit als „Bedingungen möglicher Geschichte" zugrunde.[21] Bei Koselleck laufen sie auf die Idee hinaus, aus den wechselnden Aggregatzuständen der Verflechtung von „Standortbindung und Zeitlichkeit"[22] Zugänge zur Erschließung sozialer Wirklichkeiten zu rekonstruieren und einen Begriff historischer Erfahrung zu gewinnen. Auch für Michel de Certeau entstehen „Sinn" und „Wirklichkeit" der Geschichte nicht zuletzt in der „Komposition eines Ortes, der *die ambivalente Gestalt der Vergangenheit* [...] in der Gegenwart begründet".[23] Ihre Gestalt ist ambivalent, weil der Ort, den die Geschichte „der Vergangenheit entwirft", zugleich eine Weise darstellt, „*einer Zukunft Platz zu machen*".[24] Sollte es den Lektüren dieses Buches gelingen, diese Perspektive im Hinblick auf die Geschichte des deutschen Films plausibel und produktiv zu machen, hätten sie den ihnen zugedachten Zweck erfüllt.

---

**19** Mit dieser Stoßrichtung setzt das vorliegende Buch, wenngleich mit einer deutlich anderen Akzentuierung versehen, das Projekt einer Krisenhistoriografie des Films fort. Vgl. Michael Wedel: *Filmgeschichte als Krisengeschichte. Schnitte und Spuren durch den deutschen Film.* Bielefeld 2011.
**20** Vgl. Karl Schlögl: *Im Raume lesen wir die Zeit. Über Zivilisationsgeschichte und Geopolitik.* Frankfurt am Main 2007. Zum *spatial turn* in den Kultur- und Geschichtswissenschaften vgl. Jürgen Osterhammel: Die Wiederkehr des Raums. Geographie, Geohistorie und historische Geographie. In: *Neue politische Literatur* 43, 1998, S. 374–395; Jörg Döring und Tristan Thielmann (Hg.): *Spatial Turn. Das Raumparadigma in den Kultur- und Sozialwissenschaften.* Bielefeld 2009.
**21** Reinhart Koselleck: Raum und Zeit. In: Ders.: *Zeitschichten. Studien zur Historik.* Frankfurt am Main 2000, S. 78–96, hier S. 82. Gegen die „Dominanz der Zeit" (S. 81) macht Koselleck vielmehr einen „doppelte[n] Gebrauch der Raumkategorie" in der Geschichtsschreibung geltend: „Raum so gut wie Zeit gehören, kategorial gesprochen, zu den Bedingungen möglicher Geschichte. Aber ‚Raum' hat selber auch eine Geschichte. Raum ist sowohl jeder nur denkbaren Geschichte metahistorisch vorauszusetzen wie selber historisierbar, weil er sich sozial, ökonomisch und politisch verändert." (S. 82)
**22** Reinhart Koselleck: Standortbindung und Zeitlichkeit. Ein Beitrag zur historiographischen Erschließung der geschichtlichen Welt. In: Ders.: *Vergangene Zukunft. Zur Semantik geschichtlicher Zeiten.* Frankfurt am Main 2017, S. 176–207.
**23** Certeau: *Das Schreiben der Geschichte,* S. 108.
**24** Certeau: *Das Schreiben der Geschichte,* S. 111.

# 1 Mischungen: EIN MÄDCHEN GEHT AN LAND

> Das Recht ist erdhaft und auf die Erde bezogen. [...] Das Meer kennt keine solche sinnfällige Einheit von Raum und Recht, von Ordnung und Ortung. [...] Das Meer ist frei.[1] (Carl Schmitt)
>
> Es ist also durchaus eine Frage: Was ist unser Element? Sind wir Kinder des Landes oder der See?[2] (Carl Schmitt)
>
> Was am Rande liegt und was die Mitte sei, ist eine Frage des Standpunktes.[3] (Karsten Witte)

## Irdisches Glück

In Filmmelodramen der NS-Zeit, und nicht nur bei Veit Harlan, gehen die Frauen gewöhnlich am Ende ins Wasser. In Werner Hochbaums EIN MÄDCHEN GEHT AN LAND (D 1938) nimmt Erna Quandt (Elisabeth Flickenschildt) den umgekehrten Weg. Als ihr Verlobter Hein Groterjahn (Hans Mahler) in einer Sturmnacht den Untergang seines Frachters nicht überlebt, verlässt die Tochter eines Hamburger Küstenschiffers das vertraute väterliche Schiff, um sich in Hamburg auf Stellungssuche zu begeben. Der Traum vom zukünftigen Eheglück auf See hat sich zerschlagen. Ihren Platz an Bord der „Katharina Quandt" an der Seite von Vater und Brüdern wird die Verlobte eines der Brüder einnehmen. Durch die Vermittlung ihrer Tante (Claire Reigbert) findet sie in Blankenese eine Anstellung als Hausmädchen bei dem Reeder Walter Sthümer (Carl Günther) und seiner aus Wien stammenden Frau Lisa (Maria Faudler), deren bisherige Zofe es zurück in Österreichs Hauptstadt zieht.[4] Erna lebt zunächst still und zurückgezogen, ihren Lebensmut bezieht sie aus einem mitgebrachten Seemannskalender mit Sinnsprüchen von Gorch Fock. Neben dem Haushalt der Sthümers, in den mit Erna gediegene hanseatische Lebensart Einzug hält, rückt sie auch die Ehe des voneinander entfremdeten Paares ins Lot: Sie setzt den „Hausfreund" Lisa Sthümers, Rechtsanwalt Dr. Ried (Franz Arzdorf), vor die Tür und wendet einen Trick an –

---

[1] Carl Schmitt: Das Recht als Einheit von Ordnung und Ortung [1950]. In: Jörg Dünne und Stephan Günzel (Hg.): *Raumtheorie. Grundlagentexte aus Philosophie und Kulturwissenschaften*. Frankfurt am Main 2006, S. 409–419, Zitat S. 409f.

[2] Carl Schmitt: *Land und Meer. Eine weltgeschichtliche Betrachtung* [1942]. Stuttgart 2001, S. 10–11.

[3] Karsten Witte: Hochbaum, der Periphere: ein Zentraler. Notiz zu MORGEN BEGINNT DAS LEBEN (1933). In: *Kinoschriften. Jahrbuch der Gesellschaft für Filmtheorie*, Bd. 3. Wien 1992, S. 5–14, Zitat S. 5.

[4] Der „Anschluss" Österreichs an das Deutsche Reich erfolgte im März 1938 während der Arbeiten am Drehbuch zu diesem Film.

Teilquarantäne wegen Mottenbefalls –, um die Eheleute wieder einer gemeinsamen Schlafstatt zuzuführen.

Erna selbst hat in dieser Hinsicht auch an Land weitaus weniger Glück: Ihr Verehrer Jonny Hasenbein (Carl Kuhlmann) entpuppt sich als Heiratsschwindler, der es nur auf ihr Geld abgesehen zu haben scheint. Als eine der von ihm Geschädigten sein Notizbuch entwendet und ihm auf diese Weise auf die Schliche kommt, wird Jonny verhaftet. Genug, um Erna schließlich doch mit dem Gedanken spielen zu lassen, sich in die Elbe zu stürzen. Die Zuneigung der Nachbarskinder von Onkel und Tante bewahrt sie vor diesem Schritt. Am Ende willigt sie – eher den drei Kindern als dem Mann zuliebe – in die Ehe mit deren verwitwetem Vater, dem Schiffszimmermann Friedrich Semmler (Herbert E. A. Böhme), ein und findet auf diese Weise doch noch ihren Platz an Land.

Zur vermeintlich versöhnlichen Schlussfigur rundet sich damit eine Form „irdischen Glücks", die fern aller romantischen Vorstellungen angesiedelt ist. Sie verlängert vielmehr das dem Wohl von Mann und Familie dienende Selbstverständnis der Protagonistin von der den Vater und Bruder Umsorgenden über die Dienstmädchenexistenz im Hause Sthümer und die bereitwillig ihre Ersparnisse einem windigen Geschäftsmann opfernde Freundin in die eheliche Zukunft. Selbst wenn man Karsten Witte in seiner Lesart zustimmt, dass es bei der Bewertung der Figur Erna Quandts weniger von Belang sei, sie „ins Mutterklischee gezwängt" zu sehen, als vielmehr, dass sie „zuvor alle Entscheidungen als autonome Frau" getroffen habe, der Film also insofern eine „Abweichung von der Regel" darstelle[5] – festzuhalten bleibt doch, dass diese vermeintlich autonom gefällten Entscheidungen sich sämtlich in eine Rollenschablone fügen, die „echte Weiblichkeit" mit der Bereitschaft zum dienstwilligen Altruismus zur Deckung bringt.[6]

Überhaupt ist von Gefühlen und Romantik in diesem eigenartigen Melodrama kaum eine Spur vorhanden. Wo sich bei der Heldin in Bezug auf Jonny Hasenbein Ansätze dazu finden (und sie ins Verderben zu führen drohen), versickern sie schnell in Hilfsbereitschaftsgesten und Zweckmäßigkeitsüberlegungen. Mit der finalen Ankunft im „sicheren Hafen" einer Vernunftehe und als Ersatzmutter

---

[5] Karsten Witte: Film im Nationalsozialismus. In: Wolfgang Jacobsen, Anton Kaes und Hans Helmut Prinzler (Hg.): *Geschichte des deutschen Films*. Stuttgart und Weimar 1993, S. 119–170, hier S. 144 f.

[6] Vgl. Ingrid Wittmann: „Echte Weiblichkeit ist ein Dienen". Die Hausgehilfin in der Weimarer Republik und im Nationalsozialismus. In: Frauengruppe Faschismusforschung (Hg.): *Mutterkreuz und Arbeitsbuch. Zur Geschichte der Frauen in der Weimarer Republik und im Nationalsozialismus*. Frankfurt am Main 1981, S. 15–48.

dreier Kinder ist Erna endgültig auf dem Boden nüchterner und naheliegender Tatsachen angelangt, den sie auch zuvor selten einmal verlassen hat.

Die Art und Weise, auf die das geschieht, mag ganz im Sinne dessen gewesen sein, was der NS-Staatstheoretiker und Philosoph Carl Schmitt etwa zur gleichen Zeit seiner Tochter Anima über das dem Menschen (geschlechtsunabhängig) Gemäße mit in den Schlaf gegeben hat: Erna wird zu einem „Landwesen", das sich nicht mehr nach der schwankenden Existenz auf See sehnt, sondern auf der „festgegründeten Erde" bewegt und lernt, von dort seinen Blickpunkt auf die Welt zu gewinnen.[7] Das sprichwörtlich Bodenständige bestimmt die „Eindrücke" und die „Art, die Welt zu sehen".[8] Der „elementare Gegensatz von Land und Meer",[9] in dem sich der Zwiespalt zwischen faktischer Immanenz und ungewisser Transzendenz spiegelt, löst sich aus dieser Warte für Erna darin auf, dass ihr Dasein nun endgültig ins Diesseitige „gewendet" ist. An die Stelle eines in anderen Beispielen des melodramatischen Genres so oft evozierten und spektakulär verfehlten „himmlischen Glücks" wird hier mit Nachdruck ein „irdisches" gesetzt: „Unser ganzes diesseitiges Dasein, Glück und Unglück, Freude und Leid, ist für uns das ,irdische' Leben und – je nachdem – ein irdisches Paradies oder ein irdisches Jammertal", heißt es bei Schmitt.[10] Und schon Hegel glaubte zu wissen, und wird dafür von Schmitt zitiert, dass „die Erde, fester Grund und Boden" keineswegs – wie etwa das belebende Element des Meeres – den geeigneten Nährboden für romantische Liebesvorstellungen und idealisierende Selbstentwürfe abgibt, sondern schlicht für das „Prinzip des Familienlebens" steht.[11]

Insgesamt scheint den Handlungskonflikten des Films ein Dezisionismus zugrunde zu liegen, der die Sphären von Land und Meer, Mann und Frau, Gemeinschaft und Individuum sorgsam in differenzielle Muster der geopolitischen, gesellschaftlichen und geschlechtlichen (Rollen-)Verteilung anordnet. Die Entfesselung der Widersprüche zwischen diesen Sphären, die Melodramen ansonsten so exzessiv zu inszenieren und am transgressiven Begehren ihrer Figuren auszuagieren verstehen, wirkt hier vielleicht deshalb derart zurückgenommen, weil die von Witte angesprochene Entscheidungsmacht der weiblichen Hauptfigur – selbst noch nach dem Wurf aus der vorgezeichneten Lebensbahn der

---

[7] Schmitt: *Land und Meer*, S. 16. Die Widmung des Buches gibt Auskunft darüber, dass die in ihm enthaltenen Betrachtungen von ihrem Verfasser zunächst dessen Tochter Anima erzählt wurden.
[8] Schmitt: *Land und Meer*, S. 16.
[9] Schmitt: *Land und Meer*, S. 16.
[10] Schmitt: *Land und Meer*, S. 7.
[11] Georg Wilhelm Friedrich Hegel: *Grundlinien der Philosophie des Rechts*, § 247, zit. nach Schmitt: *Land und Meer*, S. 108.

„Seemannsbraut" – die vorgegebenen Verhaltensmuster kaum einmal überschreitet.

Es scheint fast so, als hätte Erna Quandt die Prämissen der „Bedeutung des Einzelnen" innerhalb eines übergeordneten Gemeinwesens, von Carl Schmitt bereits 1914 aufgestellt und zur Zeit des Nationalsozialismus systematisch zur politischen Theorie ausgefaltet,[12] nicht weniger internalisiert als die Maximen des 1916 bei der Seeschlacht vor dem Skagerrak gefallenen Schriftstellers Gorch Fock. Solange laut Schmitt – und wie im Melodrama klassischerweise der Fall – die Betrachtung des „leiblich konkrete[n] Individuum[s] [...] sich nicht über die materielle Körperlichkeit" erhebt, bleibt dieses Individuum „eine gänzlich zufällige Einheit, ein zusammen gewehter Haufen von Atomen, dessen Gestalt, Individualität und Einzigkeit keine anderen sind, wie des Staubes, der vom Wirbelwind zu einer Säule gefügt wird".[13] Einen über das rein Natürliche und Kreatürliche hinausgehenden Sinn erlange das Individuum erst, wenn es „die [...] subjektive empirische Wirklichkeit" der eigenen Individualität negiere und sich der Erfüllung der vom Gemeinwesen vorgegebenen, „objektiv gültige[n] Norm"[14] widme: Das „Individuum [...] als empirisches Einzelwesen verschwindet, um vom Recht und dem Staat, als Aufgabe, Recht zu verwirklichen, erfasst zu werden und selbst seinen Wert in dieser abgeschlossenen Welt nach ihren eigenen Normen zu empfangen".[15] Dies geschehe „nicht, um den Einzelnen zu vernichten, sondern um aus ihm etwas zu machen".[16] Daher auch dürfe „das Subjekt der Autonomie" eben nicht „das empirische, zufällige, der Sinnenwelt angehörende Individuum sein", da „die Fähigkeit, Subjekt der Autonomie zu werden, sich nicht aus den empirischen Tatsachen, sondern aus der Vernunft" ergebe: „Nur insofern es ein vernünftiges Wesen ist, hat es Autonomie, ist sein Wille ein allgemein gesetzgebender."[17]

Vor diesem Hintergrund erscheint die „autonome Frau" Erna Quandt weniger als melodramatisch leidende und nach dem Diktat ihres Begehrens handelnde Heroine denn als „ethisches Gebilde".[18] Nicht umsonst ist auf die „ideologischen Implikationen der Story" von EIN MÄDCHEN GEHT AN LAND hingewiesen wor-

---

12 Zur Entwicklung des Begriffs bei Schmitt vgl. André Brodocz: Die politische Theorie des Dezisionismus: Carl Schmitt. In: André Brodocz und Gary S. Schaal (Hg.): *Politische Theorien der Gegenwart* I. Opladen 2006, S. 277–311.
13 Carl Schmitt: *Der Wert des Staates und die Bedeutung des Einzelnen* [1914]. Berlin 2004, S. 101.
14 Schmitt: *Der Wert des Staates und die Bedeutung des Einzelnen*, S. 89.
15 Schmitt: *Der Wert des Staates und die Bedeutung des Einzelnen*, S. 10.
16 Schmitt: *Der Wert des Staates und die Bedeutung des Einzelnen*, S. 10 f.
17 Schmitt: *Der Wert des Staates und die Bedeutung des Einzelnen*, S. 89.
18 Schmitt: *Der Wert des Staates und die Bedeutung des Einzelnen*, S. 88.

den, die der herrschenden NS-Weltanschauung insofern entsprächen, als sie den schmerzhaften, im Schmitt'schen Sinn „dezisionistischen" Ablösungsprozess Ernas von der vertrauten nautischen Sphäre wiederum unter ein höheres Ordnungsprinzip stellen:

> Ernas Erfahrungshorizont ist geprägt vom Kampf des Menschen mit den Elementen und in wenigen Leitsätzen fixiert, mit denen sie den zivilisatorischen Verfallserscheinungen an Land begegnet: Das Schiff ist das Wichtigste, dem sich alles andere unterzuordnen hat, die Mannschaft hat dem Kapitän zu gehorchen und der Kapitän seine Verantwortung der Mannschaft gegenüber wahrzunehmen. Erna handelt als Agentin eines höheren Wertesystems, das die ewigen Gesetzlichkeiten des Lebens repräsentiert, und darf deshalb auch die gesellschaftliche Rangordnung ignorieren, wenn es darum geht, ihre Arbeitgeber wieder „auf den richtigen Kurs" zu bringen.[19]

In Handlungsentwurf und Figurenanlage entspricht Hochbaums Film damit durchaus der allgemeinen Entwicklung des NS-Filmmelodramas zum Zeitpunkt seiner Produktion. Dem Genre kann für die Jahre 1937/38 unter der Last zunehmender ideologischer Inanspruchnahme eine gewisse kreative Stagnation attestiert werden, wie überhaupt die Mehrzahl deutscher Produktionen dieses Zeitraums vom Ausbleiben neuer „Motive, Themen und Erzählformen" gekennzeichnet ist.[20] Aufschlussreich ist dabei die Beobachtung, dass auch jenseits von EIN MÄDCHEN GEHT AN LAND verstärkt Frauen ins Zentrum der Figurenensembles rücken und nicht nur für Erna Quandt das Prinzip des „Lohns der guten Tat" gilt: „Die Happy Ends dieser Filme sind häufig recht mühsam erarbeitet, mitunter ist eine Schwere präsent, die auf kommende Verhältnisse vorauszuweisen scheint."[21]

Die zeitgenössische Genreentwicklung weist neben der „Konzentration auf Frauen-Geschichten" zudem eine Tendenz zur Mischform des melodramatischen Heimatfilms auf, und zweifellos finden sich auch im ausgeprägten norddeutschen Lokalkolorit von Hochbaums Film „Genreelemente des Heimatfilms".[22] Jedoch handelt es sich, genauer besehen, eher um einen umgekehrten Heimatfilm, in dem das „Land" die Rolle der potenziell verderblichen Großstadt und das „Meer" den Status eines für die Protagonistin „verlorenen" Elementarbereichs der moralischen Beherrschung der – eigenen wie sie umgebenden – Natur einnimmt.

---

19 Johannes Roschlau: EIN MÄDCHEN GEHT AN LAND (1938). In: Christoph Fuchs und Michael Töteberg (Hg.): *Fredy Bockbein trifft Mister Dynamit. Filme auf den zweiten Blick.* München 2007, S. 109–114, hier S. 113.
20 Astrid Pohl: *TränenReiche BürgerTräume. Wunsch und Wirklichkeit in deutschsprachigen Filmmelodramen 1933–1945.* München 2010, S. 148.
21 Pohl: *TränenReiche BürgerTräume*, S. 157.
22 Pohl: *TränenReiche BürgerTräume*, S. 158.

Tatsächlich wirkt das soziale Gefüge an Land über weite Strecken wie „eine wilde See: sittenlos, zynisch, regellos. Das Mädchen verankert auf diesem Terrain die Moral."[23]

Auch in dieser Hinsicht entspräche der Film aber immer noch der allgemeinen Zeittendenz seines Genres ebenso wie einer in ihm lediglich auf besondere Weise exponierten zeitgemäßen Verhaltensnorm. Hieße der Regisseur von EIN MÄDCHEN GEHT AN LAND nicht Werner Hochbaum – „vaterlandsloser Gesell"[24] und „verdeckter Agent ästhetischer Opposition, der gegen die tümelnden Ekstasen des Tages wertkonservativ an Mitteln und Methoden alter Avantgarde festhielt"[25] –, man könnte es bei diesem Befund belassen. Der damals wie heute ihm anhaftende Ruf eines Avantgardisten mit sozialrealistischem Impetus lässt jedoch eine komplexere Positionierung vor dem Zeithorizont vermuten.[26] Um dieser Vermutung nachzugehen, sollen im Folgenden Hochbaums Anteil an der Stoffentwicklung bis zum fertigen Drehbuch, seine Rolle bei der öffentlichen Wahrnehmung des Films und nicht zuletzt sein Konzept der filmästhetischen Umsetzung des Handlungsentwurfs betrachtet werden. Gerade mit Blick auf den letzten Punkt geht es darum, die spezifische Entfaltung einer Bildsprache kenntlich zu machen und ins eingangs umrissene geopolitisch-ideologische Feld zu führen, die bei Hochbaum, glaubt man Karsten Witte, allzu oft durch das diskursive Raster der Filmgeschichtsschreibung fällt.[27]

## Verschiebungen

EIN MÄDCHEN GEHT AN LAND basiert auf dem gleichnamigen Roman von Eva Leidmann, der, im April 1935 erschienen, bereits im Hinblick auf eine spätere Verfilmung geschrieben worden sein soll. Es spricht einiges dafür, dass hier „im voraus dramaturgische Arbeit geleistet"[28] worden ist, verfügte doch die Verfasserin als Mitautorin der Drehbücher zu PECHMARIE (D 1934, Erich Engel), DAS MÄDCHEN IRENE (D 1936, Reinhold Schünzel), DIE KREUTZERSONATE (D 1937, Veit Harlan), LAND DER LIEBE (D 1937, Schünzel) und FANNY ELSSLER (D 1937, Paul

---

23 Witte: Film im Nationalsozialismus, S. 144.
24 Klaus Kreimeier: Vaterlandsloser Gesell. In: *Frankfurter Rundschau* (13.04.1996).
25 Witte: Hochbaum, der Periphere: ein Zentraler, S. 6.
26 Zu Leben und Werk Hochbaums vgl. Elisabeth Büttner und Joachim Schätz (Hg.): *Werner Hochbaum. An den Rändern der Geschichte filmen*. Wien 2011.
27 Witte: Hochbaum, der Periphere: ein Zentraler, S. 5.
28 Georg Herzberg: EIN MÄDCHEN GEHT AN LAND. In: *Film-Kurier* 241 (14.10.1938).

Martin) seit 1934 über Filmerfahrung, vor allem in der Adaption literarischer Vorlagen.

Schon 1929 hatte Eva Leidmann in einem kurzen Beitrag für den *Hamburger Anzeiger* die im Unterschied zum Theater weitaus deutlicher ausgeprägte Körperlichkeit des filmischen Mediums betont und zu deren Eindämmung den „abstrakten Liebesfilm" gefordert, „der uns die Auswirkung des Intellekts auf die Liebe, die vielgerühmte Sachlichkeit unserer Generation, der man so gern Gefühl absprechen möchte, demonstriert".[29] An gleicher Stelle lehnt sie wenig später den romantisch verklärten „amerikanischen Happyend-Film" ab und stellt ihm jene „nicht glücklich endenden" Manuskripte gegenüber, die aus „echter deutscher Ehrlichkeit" heraus, „aus richtiggehender Überzeugung und menschlicher Einstellung" auf eine glückliche Schlussfügung verzichteten.[30] Beide von Leidmann in diesen Texten aus der Spätzeit des Stummfilms angestellten Überlegungen – die zunächst paradox anmutende Idee eines eher vernunft- als gefühlsgesteuerten Liebesfilms und die Wendung gegen ein romantisches Happy End zugunsten eines höheren Grads an Wirklichkeitsnähe – haben noch knapp zehn Jahre später in der Filmversion von EIN MÄDCHEN GEHT AN LAND ihre Spuren hinterlassen.

Obwohl Leidmann unmittelbar nach Erscheinen ihres Romans von der Ufa den Auftrag zur Ausarbeitung eines Filmtreatments erhält,[31] dauert es bis Januar 1938, bevor die Umsetzung des Projekts in Angriff genommen und Werner Hochbaum als Regisseur verpflichtet wird.[32] In der Hamburger Lokalpresse werden zwei Gründe dafür genannt, dass Leidmanns Filmentwurf „lange, lange in einer ‚Mottenkiste' der dramaturgischen Abteilung" geschlummert habe:

> Es mag nicht nur an einer gewissen Scheu vor dem gefährlichen, dem unbekannten echt niederdeutschen Stoff in seiner Atmosphäre und seiner Haltung gelegen haben, daß man bisher niemandem diesen Stoff zur Gestaltung übergab; gleichermaßen ist dieses Buch mit einer ungewöhnlichen Schau von Menschen und Handlungen belastet, die erst heute nach der Rede des Propagandaministers über die Lebensnähe im Film erstrebenswerter geworden ist.[33]

Im März 1938 arbeitet Hochbaum auf der Grundlage von Leidmanns Entwurf vor Ort in Hamburg am Drehbuch, das der Schriftstellerin durch ihren plötzlichen Tod

---

29 Eva Leidmann: Zwischen Film und Theater. In: *Hamburger Anzeiger* 16 (19.01.1929).
30 Eva Leidmann: Der amerikanische Happyend-Film. In: *Hamburger Anzeiger* 38 (09.03.1929).
31 Ufa-Vorstandsprotokoll vom 2.4.1935, Nr. 1071/7, Bundesarchiv Berlin, zit. nach: Roschlau: EIN MÄDCHEN GEHT AN LAND (1938), S. 109.
32 Vgl. Roschlau: EIN MÄDCHEN GEHT AN LAND (1938), S. 110.
33 Werner Kark: Zum ersten Mal: Hamburg im Spielfilm. In: *Hamburger Tageblatt* (10.03.1938).

am 6. Februar 1938 „aus den Händen gerissen" worden sei.[34] Es ist davon auszugehen, dass die zum Teil erheblichen Änderungen in der Personen- und Konfliktstruktur des Stoffes, die der Film im Vergleich zum Roman aufweist, auf Hochbaum zurückgehen, sofern sie nicht korrigierenden Eingriffen der Reichsfilmdramaturgie zuzuschreiben sind.[35]

Auf Hochbaum, der seit 1935 häufig in Wien lebte, dürfte die veränderte Herkunft der Reedersfrau Lisa zurückgehen, die im Roman noch die Tochter einer neureiche Familie Gumpel aus dem sächsischen Weißenfels war:

> Damit verschiebt Hochbaum den Akzent von der Verteidigung hanseatischer Tradition und Gediegenheit gegen neureiche Emporkömmlinge aus der sächsischen Provinz auf die Konfrontation zwischen dem Arbeitsethos und Standesdünkel der Hamburger Patrizier einerseits, der Offenheit und Lustbetontheit der „Wiener Lebensart" andererseits.[36]

Änderungen in der Figurenkonzeption betreffen auch die Protagonistin des Films und ihr Verhältnis zu Jonny Hasenbein. Gegenüber ihrer literarischen Vorgängerin erfährt die Erna des Films eine deutliche Stilisierung als „Marien-Gestalt", deren Zuneigung zu Hasenbein von Anfang an eher „fürsorgliche Züge" trägt.[37] Nicht zufällig avanciert sie am Ende „unter Beibehaltung ihrer Jungfräulichkeit zur Mutter von drei Kindern".[38]

Noch deutlicher ist die charakterliche Neuakzentuierung der Figur Hasenbeins selbst. Tritt er im Film als selbständiger Fotograf auf, der die Schönheit der Frauen schon aus beruflichen Gründen zu rühmen hat, ist er im Roman bezeichnenderweise der Angestellte eines Schlachters.[39] Dort hat er zudem von einer Jugendliebe einen siebenjährigen Sohn, den er unregelmäßig finanziell unterstützt, und (neben anderen „für die Kasse") auch ein Mädchen „fürs Gemüt",[40] mit dem er eine gemeinsame Zukunft plant – jene Elfriede, die ihn im Film aus reiner Geldgier zu seinen Hochstapeleien anstiftet. Sein Interesse an Erna ist daher rein pekuniärer Art, wohingegen er ihr in der Filmversion ehrlich zugeneigt

---

34 Kark: Zum ersten Mal: Hamburg im Spielfilm.
35 In den meisten Produktionsberichten und Kritiken zum Film wird Hochbaums Beitrag zum Drehbuch hervorgehoben. Selbst dort, wo festgestellt wird, dass im Drehverlauf nur noch wenig am Buch geändert worden sei, wird lediglich darauf verwiesen, dass Eva Leidmann „noch selbst mit Werner Hochbaum am Drehbuch gearbeitet" habe. Vgl. Herzberg: EIN MÄDCHEN GEHT AN LAND.
36 Roschlau: EIN MÄDCHEN GEHT AN LAND (1938), S. 110.
37 Roschlau: EIN MÄDCHEN GEHT AN LAND (1938), S. 110.
38 Roschlau: EIN MÄDCHEN GEHT AN LAND (1938), S. 110.
39 Eva Leidmann: *Ein Mädchen geht an Land. Roman.* Berlin 1935, S. 69.
40 Leidmann: *Ein Mädchen geht an Land*, S. 184.

zu sein scheint („Sie hätte ich früher kennenlernen müssen"), gar freiwillig auf ihr Geld verzichtet und außerdem noch den stillen Wunsch hegt, zur See zu fahren. Aus dieser veränderten Konstellation zwischen den beiden Figuren erklärt sich auch ein wichtiger Eingriff in die Plotstruktur. Im Roman trägt sich Erna bereits vor der Verhaftung Hasenbeins aus allgemeinem Lebensüberdruss und Sehnsucht nach ihrem toten Verlobten mit Selbstmordgedanken: „Der alten Elbe kann man sich ohne weiteres anvertrauen. Das ist so, als ob man heimkehrt. [...] Groterjahn ist nicht in der Elbe umgekommen; aber so weit weg ist die Elbe nicht vom Meer."[41] Der Moment der tiefsten Verzweiflung wird somit im Film kausal völlig anders verknüpft und an das Scheitern der Beziehung zu Hasenbein gekoppelt. Auch wird die lebensmüde Erna im Buch nicht von einem der Semmler-Kinder im Hafen aufgespürt, sondern von einer unbekannten Leidensgenossin bei ihrem Vorhaben mit den Worten gestört: „Regen, Musik, das Schiff, Sie und ich, – es ist wie im Kino. [...] Es gehört viel mehr Mut dazu, als man denkt, nicht? – Auf einmal hat man wieder nicht den Mut."[42]

In der Anlage der Nebenfiguren sind ebenfalls signifikante Verschiebungen gegenüber der Romanvorlage festzustellen. Im Roman stirbt Tante Mariechen bereits kurz nachdem sie Erna die Anstellung bei den Sthümers – im Buch heißen sie „Stülcken" – verschafft hat und hinterlässt ihr ein kleines Gartengrundstück mit dem sprechenden Namen „Garten Eden". Und auch ihr Mann, Onkel Lüders, ist nach der Hälfte des Romans tot, weshalb beide nicht wie später im Film als genealogische Rahmung der Verbindung Ernas mit Friedrich Semmler und seinen Kindern dienen können. Semmlers Frau wiederum ist nicht bereits verstorben, als die Handlung einsetzt, sondern nimmt sich erst gegen Mitte des Romans aus Schwermut das Leben. Aus dem Postboten Semmler wird im Film ein Schiffszimmermann, der auf diese Weise zumindest beruflich mit der Seefahrt zu tun hat.

Im Unterschied zum Film wird der Erzählfortgang in Leidmanns Roman von drei wiederkehrenden Motiven strukturiert: den von Erna täglich abgerissenen Kalenderblättern, ihren Träumen und den Zukunftsprophezeiungen einer Freundin. Im Film fehlt diese Figur der Hobbywahrsagerin Frau Kienast, die für die abergläubische Erna als dritte Instanz der Wegweisung neben den Träumen und Kalendersprüchen fungiert. Im Roman halten Ernas Träume ihre anhaltende Sehnsucht nach dem toten Verlobten die gesamte Handlungszeit über präsent, im Film sind sie zu einer einzigen Traumsequenz verdichtet. Das Maß des Einblicks

---

41 Leidmann: *Ein Mädchen geht an Land*, S. 165.
42 Leidmann: *Ein Mädchen geht an Land*, S. 168.

in das subjektive Innenleben der Protagonistin wird damit deutlich eingeschränkt.

Die Kalendersprüche bilden das einzig verbliebene strukturelle Erzählmotiv, dessen Herkunft und Inhalt gegenüber seiner Funktion im Roman jedoch nachhaltig verändert werden. Im Roman erhält Erna den Schifffahrtskalender zum ersten Weihnachtsfest nach ihrer Anstellung als Hausmädchen von Reeder Stülcken geschenkt, im Film bringt sie ihn aus ihrer Koje mit an Land. Im Roman wechseln nicht nur die Autoren, von denen die Sprüche stammen, der Schifffahrtskalender selbst wird zeitweise von einem Gartenkalender ersetzt, der Sentenzen u. a. von Rudolf Binding enthält. Der erste Spruch, den Erna im Roman liest, ist einem Goethe-Gedicht entnommen: „Seele des Menschen, wie gleichst du dem Wasser, / Schicksal des Menschen, wie gleichst du dem Wind!"[43] Er deutet, wie andere Stellen im Roman auch, auf eine weiterhin stabil auf die See bezogene Heimatvorstellung Ernas. Sie wird anlässlich der Verlobung mit Groterjahn früh etabliert („Und nun bekommt Erna doch einen Mann, und einen Schiffer noch dazu. Ihre Heimat bleiben Wasser, Wind, Schiff und Wolken"[44]) und drückt sich an Land vor allem als Heimweh aus: „Heimweh nach dem Schiff, nach Vater und Brüdern, nach Wasser und Wind. – Es gehört zu ihr wie Herz und Lunge. Es ist ihre Heimat."[45] Ihre Kurzformel lautet: „Elbe – – – Heimat!"[46] Die innere Logik von Leidmanns Roman führt das drohende Verhängnis der Protagonistin folgerichtig darauf zurück, dass an Land die Sehnsucht nach Liebe, die Erna „wie eine fiebrige Krankheit"[47] befällt, an die Stelle der Sehnsucht nach der Heimat zu treten droht, für die die Treue zum toten Verlobten lediglich als Chiffre steht.[48]

Die „Tagesparolen" Gorch Focks, die „Erna in Momenten emotionaler Verunsicherung wie ein Orakel befragt",[49] leiten in der Filmversion des Romans hingegen eher dazu an, Heimat zu einer imaginären Größe zu sublimieren und für eine funktionierende Ökonomie des psychischen Haushalts mobilisierbar

---

43 Leidmann: *Ein Mädchen geht an Land*, S. 65.
44 Leidmann: *Ein Mädchen geht an Land*, S. 15.
45 Leidmann: *Ein Mädchen geht an Land*, S. 53.
46 Leidmann: *Ein Mädchen geht an Land*, S. 163.
47 Leidmann: *Ein Mädchen geht an Land*, S. 148. Der die Erzählerin an gleicher Stelle zu dieser Feststellung leitende Kalenderspruch lautet: „Liebe zaubert Lustpaläste, Treue baut ein einfach Haus, / Jene stürzen, dies hält feste bis in graue Zeiten aus."
48 Vgl. Leidmann: *Ein Mädchen geht an Land*, S. 255: „Erna ist ruhig geworden. Kein Sturm tobt mehr in ihr, sie kann ihren geraden Kurs halten, – und dem toten Groterjahn die Treue. Nie wieder wird sie die warnende Stimme in ihrem Innern überhören; nie wieder vergessen, daß sie Frachtewer und kein Lustkutter ist. – Der Frachtewer Erna Quandt hätte allerdings mehr Ladung vertragen."
49 Roschlau: Ein Mädchen geht an Land (1938), S. 113.

zu machen. Die beiden im Film vollständig zitierten Passagen lauten dementsprechend: „Ich bin noch immer auf dem hohen Meer, / der Himmel über mir, die Dünen um mich her. / Noch immer schau ich groß nach meinen Segeln, / noch immer such' ich heißen Blicks mein Land, / bei Tag und Nacht, das Ruder in der Hand." Und: „Was das Leben nicht will geben, / Gibt der Traum, Segelraum." Gleichzeitig dienen die Sinnsprüche des als Weltkriegshelden und „literarische Ikone der niederdeutschen Bewegung"[50] geltenden Gorch Fock dazu, das Lokalkolorit des Films zu verstärken und dessen ideologischer Botschaft einen mythischen Subtext heroischer Selbstaufopferung zu verleihen.

## In den Bezirken des Alltags

Hochbaums Beschäftigung mit dem Stoff wird in der Presseberichterstattung als Rückkehr zum Ausgangspunkt seiner Filmarbeit mit RAZZIA IN ST. PAULI (1932) gesehen, Hamburg als „Wahlheimat" des gebürtigen Kielers in den Vordergrund gerückt. Bezeichnend für sein enges Verhältnis zur norddeutschen Metropole sei es zum Beispiel,

> wenn er erzählt, daß er oftmals während seiner Wiener Tätigkeit vormittags ein Flugzeug bestieg, nachmittags in Hamburg eintraf, abends einmal wieder echtes Volkstheater auf dem Spielbudenplatz, in unserem Ernst-Drucker-Theater erlebte und am nächsten Morgen wieder seine Arbeit in den Wiener Ateliers aufnahm.[51]

Die in Hochbaum gesetzte Hoffnung bezog sich keinesfalls nur auf den Wahlhamburger, sie berief sich auch auf Hochbaums (zweifelhafte) Reputation als avantgardistischer Individualist unter den deutschen Filmregisseuren:

> Einem Hochbaum trauen wir allerdings zu, daß er einmal von seinem besonderen Verhältnis zu dieser Stadt her dies Werk zu *seiner* Aufgabe macht, zum anderen aber auch aus der Erkenntnis, daß sich wieder nach langer Zeit von einem Außenseiter unseres Filmschaffens *ein Film von programmatischer Bedeutung* vorbereitet. Denn: diese Welt um Erna Quante [sic!] ist das Leben selbst, diese Charaktere gehen ihren Weg wie viele heute noch in allen Gassen und Straßen der Hafenstadt und ihre Konflikte stammen ausschließlich aus der Atmosphäre unseres Lebenskreises.[52]

---

50 Roschlau: EIN MÄDCHEN GEHT AN LAND (1938), S. 113.
51 Kark: Zum ersten Mal: Hamburg im Spielfilm.
52 Kark: Zum ersten Mal: Hamburg im Spielfilm. Hervorhebungen im Original.

Die Besetzung der Rollen wurde ebenfalls noch im März 1938 besorgt: Elisabeth Flickenschildt stand früh für die Hauptrolle der Erna Quandt fest, für die Rolle des Jonny Hasenbein war zunächst Harald Paulsen vorgesehen, bei der Figur Friedrich Semmlers wurde ursprünglich an Gustav Knuth gedacht. Jedenfalls wurde dies der Presse mitgeteilt, die zufrieden feststellte, alle drei besäßen „starke Bindungen an den niederdeutschen Lebensraum" wie auch alle übrigen Rollen „ausschließlich von Hamburger Schauspielern an den Hamburger Bühnen" gespielt würden.[53] Außenaufnahmen fanden ab Mitte Mai 1938 im Hamburger Hafen und im Hafen in Schulau statt, für den Juni waren Atelieraufnahmen in den Babelsberger Ufa-Studios angesetzt.[54] Die Aufnahmen der Studioszenen sollten bis zum 23. Juni abgeschlossen sein, für die letzte Juniwoche waren, wie Produktionsassistent Erich von Neusser der Presse mitteilte, noch letzte Außenaufnahmen geplant. Hochbaum beruhigte die Branchenöffentlichkeit bei dieser Gelegenheit darüber, dass es sich bei EIN MÄDCHEN GEHT AN LAND keineswegs um einen „Dialektfilm" handle. Der Dialog sei vielmehr so gehalten, „daß die Sprachmelodie einen norddeutschen Unterton erhält, daß aber weder plattdeutsch noch sogenanntes ‚Missingsch' (Mischung zwischen Hoch- und Plattdeutsch Hamburger Prägung)" gesprochen werde.[55] Anders als geplant zogen sich die Arbeiten im Studio noch etwas weiter in den Sommer hinein. Gegen Ende der Dreharbeiten brach Hochbaums langjähriger Regie-Assistent Rolf Niemitz am Set

---

53 Kark: Zum ersten Mal: Hamburg im Spielfilm. Auch wenn Letzteres in dem hier angedeuteten Umfang so nicht zutraf, rekrutierte Hochbaum doch die Darsteller der meisten Nebenrollen von Hamburger Bühnen, so z. B. Heidi Kabel für die Rolle von Ottos Braut Inge, Hans Mahler als Hein Groterjahn, Friedrich Schmidt als Kapitän Lüders oder Bruno Wolffgang als Jonnys Freund Alfred. Der junge Erich Feldt spielte Heini Semmler. Vgl. Bernhard Meyer-Marwitz: Hamburg wartet auf „seinen" Film. Unsere Plattdeutschen drehen bei der Ufa. In: *Hamburger Anzeiger* (10.09.1938).
54 Vgl. [Anon.]: Hafenfilm mit Nebelpulver und Nebelbombe. Ufa und Terra filmen im Hafen – heute Nacht gibt's eine dramatische Barkassenverfolgung. In: *Hamburger Tageblatt* (19.05.1938). Vgl. a. rg.: Im Hafen wird gefilmt! Spritschmuggel und EIN MÄDCHEN AN LAND. In: *Hamburger Anzeiger* (19.05.1938); Karlheinz Ressing: „Cap Arkona im strahlenden Licht". Interessantes Ufa-Experiment im Hamburger Hafen. In: *Film-Kurier* 122 (27.05.1938). Ulrich J. Klaus datiert den Drehbeginn etwas zu spät auf den 20. Mai 1938. Vgl. Ulrich J. Klaus: *Deutsche Tonfilme. Jahrgang 1938*. Berlin und Berchtesgaden 1998, S. 125. Die Aufnahmen auf der Kommandobrücke des Horn-Dampfers „Karlsruhe" im Hamburger Hafen verliefen übrigens parallel zu Dreharbeiten am Reiherstieg-Zoll für die Terra-Produktion SCHATTEN ÜBER ST. PAULI (D 1938, Fritz Kirchhoff), in der Gustav Knuth tatsächlich in einer der Hauptrollen (des Barkassenführers Oschi Rasmus) agiert. Der Terra-Film trug zu diesem Zeitpunkt noch den Arbeitstitel „Wasserdroschke Junge Liebe".
55 Zit. nach Ressing: „Cap Arkona im strahlenden Licht".

in Babelsberg nach einem Magenriss zusammen, an dem er kurz darauf verstarb.[56] Am 16. September 1938 wurde der Film mit einer Länge von 2.646 Metern zur Zensur eingereicht und nach einer Kürzung auf 2.473 Meter unter Jugendverbot zur Vorführung zugelassen.

Die Vermarktung der Ufa hob weniger das Lokalkolorit als vielmehr die melodramatischen Züge des Films hervor, der als „dramatisches Schicksalsbild aus den unentdeckten Bezirken des Alltags" angepriesen wurde, „ein dunkles und freudvolles Lied vom starken, tapferen Herzen einer Frau".[57] Neben dem Hinweis auf die verstorbene Verfasserin der literarischen Vorlage stand, noch vor der ausführlichen Charakterisierung der Rollen und ihrer Darsteller, der Regisseur im Mittelpunkt der Werbung. Als „Filmschöpfer von stärkster Kraft der Bildschilderung" sei Hochbaum bekannt für sein „eigenwilliges Schaffen". In diesem Fall hätte er zudem als Autor des Drehbuchs „in jedem Wort und in jeder Szene den Geist und die Atmosphäre eines eigenartig fesselnden, tief beeindruckenden Werkes" geformt. „Sein Hamburg, sein St. Pauli" habe er dabei „aller falschen Romantik entkleidet".[58]

Mit ihren Werbeplakaten (Abb. 1.1), vor allem aber in ihren Reklame-Ratschlägen für Kinobesitzer sah die Ufa vor, in Schaukästen auf die „Gegenüberstellung der gegensätzlichen Milieus des Films" abzuheben:

> Zeigen Sie im linken Feld und auf einem freundlich blauen Grund die Fotos des Schiffes, den Hafen, Seeszenen, Blankenese – im rechten Feld und auf einem stumpfroten Grund die Bilder von St. Pauli, also die Gruppenaufnahmen in der Gasse, die Kneipe der Elfriede, Tanz der Seeleute u.a. Links steht zwischen den Fotos die Zeile – die liebliche Elbküste bei Blankenese ... – rechts – Das grelle und dunkle St. Pauli ... – Auf einem als Mittelfeld dazwischen gestellten Kartonschild, auf dem beide Farbtöne gespritzt ineinander übergehen, steht der Text: „... das sind die beiden Welten, zwischen denen das Mädchen Erna Quandt sich ihren Weg erkämpfte".[59]

Milieuspezifisch bzw. lokalfolkloristisch fielen auch die Empfehlungen zur Ausstattung des Kinofoyers aus. Angeregt wurde ein

> Aufbau, welcher mit allen möglichen, gerade bei „Landratten" Neugier erweckenden Gegenständen dekoriert wird – ein ausgestopfter Sägefisch, eine Schiffsglocke, ein Steuerrad,

---

56 Vgl. Werner Kark: Hamburger gehen voran in Babelsberg. In: *Hamburger Tageblatt* (10.09. 1938).
57 Ufa-Werbematerial, Deutsche Kinemathek – Museum für Film und Fernsehen, Schriftgutarchiv, Mappe „Ein Mädchen geht an Land".
58 Ufa-Werbematerial.
59 „Ein Werber geht an Bord ...", Ufa-Werbematerial, Deutsche Kinemathek – Museum für Film und Fernsehen, Schriftgutarchiv, Mappe „Ein Mädchen geht an Land".

**Abb. 1.1:** Werbeplakat zu Ein Mädchen geht an Land.

Kompasse, Wimpel, Positionslampen, Taurollen, Segel, kleine Anker usw. und im Mittelpunkt vielleicht eine jener großen Flaschen, in denen ein Schiffchen eingebaut ist (sogenannte „Matrosenkunst").[60]

Dazu „an den Wänden drei, vier hübsche Seestücke und einige gerahmte Fotos aus dem Film", das schaffe eine „ganz angenehme Stimmung".[61]

## Dinge hinter den Dingen

In der Vorberichterstattung zur Hamburger Premiere des Films, die am 30. September 1938 zeitgleich im Lessing- und Passage-Theater stattfand, wird Hochbaum mit den Worten zitiert, er glaube, mit EIN MÄDCHEN GEHT AN LAND wieder Anschluss gefunden zu haben an DIE EWIGE MASKE (1935). Er glaube unverändert an „den Weg und die Mittel der ‚Avantgardisten'", an die Gleichberechtigung der filmischen Form gegenüber den Erfordernissen des Stofflichen und Dramatischen. Zu erkennen sei dies nicht zuletzt daran, dass den Charakter auch seines neuesten Films die „Dinge hinter den Dingen" ausmachen würden:

> [...] eine glänzende visuelle Schau von St. Pauli, ein Alptraum des Mädchens Erna Quandt und ein anderer des Heiratsschwindlers Jonny Hasenbein. Hier experimentiert Hochbaum nicht nur, hier wächst eine notwendige filmische Übersetzung menschlicher Traumbilder organisch aus einer gelungenen Arbeit.[62]

Auch die Fachzeitschrift *Der Film* zählt Hochbaum im Vorfeld der Berliner Premiere von EIN MÄDCHEN GEHT AN LAND – am 13. Oktober 1938 in den Ufa-Theatern Kurfürstendamm und Friedrichstraße – noch immer zu den Avantgardisten unter Deutschlands Filmregisseuren. Habe Hochbaum in seinen frühen Arbeiten die Möglichkeiten untersucht, „Gedankenverbindungen im Film mit der gleichen Geschwindigkeit und Buntheit wiederzugeben, wie sie sich im menschlichen Gehirn vollziehen", und sich damit beschäftigt, welche „künstlerischen Perspektiven [...] der Film in seiner Überwindung von Raum und Zeit eröffnet", so gelte das Hauptinteresse von reiferen Filmen wie MORGEN BEGINNT DAS LEBEN (1933), VORSTADTVARIETÉ (1934) und DIE EWIGE MASKE einerseits der Milieuschilderung, andererseits der „Schilderung eines Seelenzustands auf rein visuelle

---

60 „Ein Werber geht an Bord ...".
61 „Ein Werber geht an Bord ...".
62 [Werner Kark:] Hochbaum kehrt zum Experiment zurück. Von der RAZZIA über DIE EWIGE MASKE zu EIN MÄDCHEN GEHT AN LAND – ein Weg des guten Willens. In: *Hamburger Tageblatt* (24.09.1938).

Art". In diese doppelte Entwicklungslinie ließe sich nun auch der Film EIN MÄDCHEN GEHT AN LAND stellen, der insofern „viele seiner Regiegeheimnisse" berge.[63]

Der „Adjudantur des Führers" wurde der Film vom Propagandaministerium am 7. Oktober 1938 zugestellt. Am 4. November 1938 erhielt das Ministerium Rückmeldung über die Hitler an seinem Wohnsitz auf der Wolfsschanze in Berchtesgaden vorgeführten Filme. Nach DAS VERLEGENHEITSKIND (1938, Peter Paul Brauer), einer anspruchslosen Gesellschaftskomödie, die ein „Ausgezeichnet" erhielt, war EIN MÄDCHEN GEHT AN LAND neben dem Marika-Rökk-Vehikel EINE NACHT IM MAI (D 1938, Georg Jacoby) der einzige Film mit dem Vermerk, er sei von Hitler als „sehr gut" bezeichnet worden. Die anderen der insgesamt 15 Titel blieben unkommentiert, wurden als „gut" (FRAU SIXTA, D 1938, Gustav Ucicky), „sehr amüsant!" (DIE SCHEIDUNGSREISE, D 1938, Hans Deppe), „sehr schlecht" (GELD FÄLLT VOM HIMMEL, D 1938, Heinz Helbig) oder gar als „unmöglicher Film" (ZWEI FRAUEN, D 1938, Hans H. Zerlett) bewertet. In zwei Fällen, bei STEPUTAT & CO. (D 1938, Carl Boese) und MARIE ANTOINETTE (USA 1938, W.S. Van Dyke) wurde die Vorführung abgebrochen bzw. von Hitler vorzeitig verlassen. Der zeitgleich entstandene zweite Hamburg-Film SCHATTEN ÜBER ST. PAULI erhielt von Hitler das Prädikat „schlechter Film".[64]

Gemessen an derartigen Vorschusslorbeeren fiel das Presseecho auf die Hamburger, vor allem aber auf die Berliner Premiere von EIN MÄDCHEN GEHT AN LAND eher verhalten, ja zwiespältig aus. In seiner Besprechung im *Hamburger Tageblatt* wies Werner Kark noch einmal darauf hin, dass es bei der Ufa in Babelsberg seit jeher Vorbehalte gegenüber „hamburgischen Stoffen" gegeben habe. Diese seien auch im vorliegenden Fall nicht vollständig zu überwinden gewesen. Schon der dem Film zugrundeliegende Stoff, „ein spannender, in manchen Dingen allerdings reichlich oberflächlicher Zeitungsroman", habe „noch nicht die letzte, gültige Grundlage für einen echten Hamburg-Film abgeben" können. Dies bliebe einer zukünftigen, „in tiefe menschliche und atmosphärische Bezirke" greifenden dichterischen Arbeit vorbehalten. Hochbaum habe „einen industriellen Auftrag erhalten, den Leidmann-Roman zu verfilmen", und dabei „ein gut Teil künstlerischer Konterbande an das neue Ufer seiner künstlerischen Arbeit hinübergetragen".[65]

---

63 [Anon.]: Wegbereiter in filmisches Neuland. In: *Der Film* 41 (08.10.1938).
64 Reichsministerium für Volksaufklärung und Propaganda an die Adjudantur des Führers, 07.10.1938; SS-Obersturmführer Bahls an das Reichsministerium für Volksaufklärung und Propaganda, 04.11.1938, Bundesarchiv Berlin, Sign. NS 10/79789.
65 Werner Kark: Erster Vorstoß: EIN MÄDCHEN GEHT AN LAND. In: *Hamburger Tageblatt* (01.10.1938).

Der *Film-Kurier* würdigte nach der Berliner Erstaufführung immerhin, dass Hochbaum „mit diesem Film ein Werk von starker innerer Geschlossenheit" gelungen, die „Atmosphäre [...] ausgezeichnet getroffen" sei. Ein wesentlicher Einwand sei jedoch gegen „die überlange und recht überflüssige Bildmontage über das Hamburger Nachtleben" zu richten:

> Sie paßt in ihrer Nervosität nicht zu dem ruhigen und sachlichen Stil dieses Films, sie treibt weder die Handlung vorwärts noch schafft sie eine benötigte Stimmung. Sie hätte einen Sinn, wenn sie das nächtliche Erleben des Paares Erna-Jonny ausdrücken würde, aber die [...] werden von dem Trubel St. Paulis kaum erfaßt. Diese Montage, in der sicher viel Arbeit steckt, ist ein Fremdkörper in diesem Film, eine Konzession an die glücklich überwundene Zeit, in der solche Schneidekunststücke Selbstzweck waren.[66]

Ausgerechnet Hochbaums Rückgriff auf ein charakteristisches Verfahren der filmischen Avantgarde, die Montage-Sequenz, empfand die NS-Filmbetrachtung über den vermeintlichen Stilbruch hinaus auch als formale Trivialisierung des Stoffes:

> Die Schwermut und Tiefe des Romans, die stellenweise – so in der Verbundenheit der Menschen mit dem Meere und in dem schönen Glauben Ernas – in die Gebiete des Mystischen vorstößt, wird im Film kontrastiert durch eine Überrealistik der Darstellung, die wiederum auseinandergerissen wird durch eine sehr lange, vom Selbstzweck diktierte und mit dem Film und seinem Grundgedanken in keinem Zusammenhang stehende Montage, aus der uns aber auch einige in sie hineingestellte konkrete Aufnahmen wieder hinausreißen. Es entsteht so der vielleicht beabsichtigte Eindruck einer anscheinenden Stilunsicherheit, eines nervösen Schwankens, wie es auch die bisherigen Filme Hochbaums aufwiesen. Der plötzliche Schlag ins Sentimentale [...], mit dem als Kunstmittel hier und da gearbeitet wird, tangiert die Trivialität.[67]

Was als „Stilunsicherheit" auf der formalen Ebene kritisiert wurde, erschien auf der Ebene der sozialen Milieuschilderung als Technik der intendierten Überzeichnung und Kontrastierung akzeptabel. Auf dieser Ebene unterstreiche Hochbaums Film bewusst die Gegensätze zwischen „vornehmen" und „einfachen Leuten", bürgerlicher Idylle und dem „wirbelnden Rausch und Glanz der Vergnügungslokale auf der Reeperbahn". Manches sei dabei „etwas zu lang ausgespielt, um noch wirken zu können", manches wiederum ginge „zu sprunghaft, so dass man nur mit Mühe folgen" könne. Während ein Teil der Kritik Hochbaum für seinen als gekünstelte Formübung wahrgenommenen Avantgardismus zur Ordnung rufen zu müssen glaubte, vermisste ein anderer Teil an diesem insgesamt

---

66 Herzberg: Ein Mädchen geht an Land.
67 Albert Schneider: Ein Mädchen geht an Land. In: *Lichtbild-Bühne* 242 (14.10.1938).

immerhin „beachtlichen Werk" gerade dasjenige, „was man bei Hochbaum eigentlich erwartete: die avantgardistische Leistung".[68]

## Menschen, Gegenstände und Umgebungen

Worin hätte diese „avantgardistische Leistung" im Kontext eines melodramatischen Genrefilms bestehen können? Hochbaum selbst hat im Vorfeld der Hamburger Premiere von EIN MÄDCHEN GEHT AN LAND Hinweise dazu gegeben. Am 29. September 1938, einen Tag vor der Uraufführung des Films, hält er auf Einladung der Hamburger Arbeitsgemeinschaft „Film" einen Vortrag an der Universität Hamburg, auf den das Kinopublikum zuvor mit Diapositiven in „allen Lichtspieltheatern" der Stadt hingewiesen worden war:

> Die Großaufnahme, so sagte Hochbaum, stellte eine Revolution für den Schauspieler dar. Er sprach vom Einbruch des naturalistischen Films durch die Amerikaner und das moderne [sic!] Bemühen, diesen Naturalismus durch feinste atmosphärische Lichtmalerei zu einem filmkünstlerischen Stil zu entwickeln, ebenso wie von der Aufgabe des Filmschauspielers. Für ihn forderte er Beschränkung des Rollenfachs. Für den Darsteller, so sagte er, komme es nur darauf an, wie er im Leben handeln und fühlen würde. Die Wirkung im Film gehe also nur von der eigenen Persönlichkeit aus.[69]

Wie Presseberichten über die Veranstaltung zu entnehmen ist, schloss Hochbaum in seinen von Ausschnitten aus EIN MÄDCHEN GEHT AN LAND illustrierten Ausführungen an Überlegungen an, wie er sie ein Jahr zuvor in seinem Aufsatz „Technik als Mittel der künstlerischen Filmgestaltung" angestellt hatte.[70] Schon dort hatte er die Großaufnahme als revolutionäres Ausdrucksmittel in Bezug auf Schauspiel und Figurendarstellung gewürdigt, vor allem aber ihren Stellenwert zur Hervorhebung der Requisiten des Alltags betont, die dadurch „eine ungeheuer gesteigerte", „symbolhafte Bedeutung" erhielten.[71] Als „filmische Symbole" wiederum würde die dem Kamerablick und der „Tiefenregie" der

---

68 [Anon.]: Legende im Hamburger Hafen. EIN MÄDCHEN GEHT AN LAND. In: *Der Film* 42 (15.10.1938).
69 [Anon.]: Glanzvoller Start in Hamburg. EIN MÄDCHEN GEHT AN LAND. in: *Film-Kurier* 230 (01.10.1938).
70 Vgl. Elisabeth Holzkamm: EIN MÄDCHEN GEHT AN LAND erfolgreich uraufgeführt. In: *Lichtbild-Bühne* 131 (01.10.1938).
71 Werner Hochbaum: Technik als Mittel der künstlerischen Filmgestaltung [1937]. In: Regina Schlagnitweit und Ralph Palka (Hg.): *Die Filme von Werner Hochbaum*. Wien 1996, S. 42–46, hier S. 42.

Montage exponierte Dingwelt des Handlungsmilieus zur zeichenhaften Sprache eines „Filmsymbolismus" beitragen, aus der heraus sich die „Möglichkeit, im Film seelische Vorgänge direkt zu zeigen", eröffne.[72] Dies bereite den Weg zur Überwindung einer rein naturalistischen Darstellungsweise (wie Hochbaum sie in seinem Hamburger Vortrag in Hollywood am Werk sah) hin zu einem „absoluten Realismus", einem vom „stillen Partner der ‚Atmosphäre'" impressionistisch sublimierten Realismus der „optischen Akzente".[73] Als übergeordnete Aufgabe, als „die wahre Mission der deutschen Filmkunst [...] im Zeitalter des Impressionismus" stelle sich die „Beseelung des Stofflichen – Beseelung des Bildes, des Tones und des schauspielerischen Ausdrucks über die technischen Maschinen hinweg". In seinen eigenen Filmen ziele er daher auf „subtile Wirkungen": „Impressionismus des Bildes, Atmosphäre des Tons."[74]

Nimmt man Hochbaums Selbstzeugnisse aus dem zeitlichen Umkreis der Arbeit an EIN MÄDCHEN GEHT AN LAND zur Kenntnis, erscheint es kaum noch hinreichend, wie die zeitgenössische Kritik Spuren des Avantgardismus an vereinzelten Montagesequenzen auszumachen oder wie heutige Kommentatoren das Augenmerk auf den symbolischen Gehalt von Spiegelkonstruktionen, etwa bei den zentralen Gesprächen zwischen Erna und Jonny, zu lenken.[75] Mit Gernot Böhme lässt sich „die Herstellung von Atmosphären", um die es Hochbaum hier zu gehen schien, vielmehr als eine ästhetische Arbeit verstehen, die – ungeachtet der Rede vom Impressionismus – nicht punktuell, sondern strukturell funktioniert und synthetisch auf verschiedenen Gestaltungs- und Wahrnehmungsebenen operiert, von der filmisch je konkret gemachten „Präsenz von Menschen, Gegenständen und Umgebungen" bestimmt.[76] Als „gemeinsame Wirklichkeit des Wahrnehmenden und des Wahrgenommenen" nehmen ästhetisch hergestellte Atmosphären – darin bestünde dann auch ihr „absoluter Realismus" – den Charakter beides umfassender Räume an, „insofern sie durch die Anwesenheit von Dingen, von Menschen oder Umgebungskonstellationen, d. h. durch Ekstasen ‚tingiert' sind. Sie sind selbst Sphären der Anwesenheit von etwas, ihre Wirklichkeit im Raume."[77]

Es zeigt sich: Erst in der ästhetisch hervorgebrachten „ekstatischen" Wirklichkeit im Raum wird die auf der Handlungsebene von Hochbaums Film dezisionistisch eingehaltene Trennung von Land und Meer porös. Am offenkundigsten

---
72 Hochbaum: Technik als Mittel der künstlerischen Filmgestaltung, S. 42 f.
73 Hochbaum: Technik als Mittel der künstlerischen Filmgestaltung, S. 45.
74 Hochbaum: Technik als Mittel der künstlerischen Filmgestaltung, S. 46.
75 Vgl. Roschlau: EIN MÄDCHEN GEHT AN LAND (1938), S. 111.
76 Gernot Böhme: *Atmosphäre. Essays zur neuen Ästhetik.* Frankfurt am Main 1995, S. 25.
77 Böhme: *Atmosphäre*, S. 33 f.

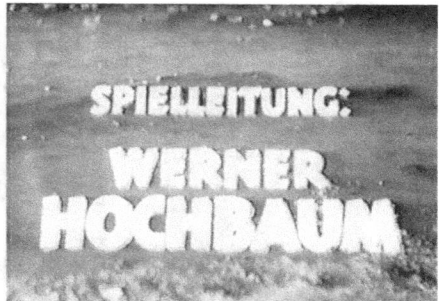

**Abb. 1.2:** Titelsequenz von EIN MÄDCHEN GEHT AN LAND.

geschieht dies auf der Tonspur, auf der „das ständige Tuten der Nebelhörner" sämtlichen Schauplätzen eine gemeinsame akustische Signatur verleiht, die „den Film wie ein Generalbaß" durchzieht.[78] Exemplarisch vorgeführt wird dieses Verfahren, das quer zur Geopolitik der Handlungskonflikte einen vexierenden ästhetischen Erfahrungsraum schafft, in der Exposition von EIN MÄDCHEN GEHT AN LAND. Im Hintergrund der Vorspanntitel sieht man zunächst das Meer, dessen gleichmäßiger, den melodischen Lauf der Musik rhythmisch begleitender Wellengang den Bildraum vollständig ausfüllt. Die Wellenkämme brechen glitzernd im Dämmerlicht zur Kamera hin und bilden einen rhythmischen Kontrapunkt zum Wechsel der über ihnen sichtbar werdenden Schrift (Abb. 1.2).

Das Widerspiel dieses gleichmäßig bewegten Glanzes prägt noch die erste Dialogszene unter Deck, in der Groterjahn mit Ernas Vater die anstehende Hochzeit bespricht. Das im Hintergrund auch aller folgenden Szenen unter Deck präsent gehaltene Lichtspiel verleiht dem Handlungsraum eine fluide Anmutung, die ihn als der Sphäre des Meeres zugehörig ausweist. Am intensivsten wirkt diese atmo-

---

78 Roschlau: EIN MÄDCHEN GEHT AN LAND (1938), S. 112.

Abb. 1.3: Erste Dialogszene.

sphärisch vexierende Raumkennzeichnung, wenn Erna und Groterjahn anschließend in einer Wechselfolge halbnaher Einstellungen ihr einziges Vieraugengespräch über die gemeinsame Zukunft führen (Abb. 1.3), bevor sie sich trennen, um beide auf getrennten Schiffen in See zu stechen.

Es folgt die Einführung von Blankenese als erstem Handlungsschauplatz an Land. Als sei die Kamera vom selben Wind bewegt wie die schmalen Birken, die sie uns zeigt, gleitet sie in einem horizontalen Schwenk vom Namenszug des im Garten stillgelegten Seglers von Onkel Lüders hinüber zum Haus Semmlers, der soeben aus der Tür tritt, um mit seinem auf der Bank vor dem Fenster sitzenden Nachbarn über die heraufziehende Brise zu sprechen. Während auf Lüders schräg von hinten das gleichmäßig von innen durch die Scheiben dringende Licht fällt, ist Semmlers Gesicht vom dynamischen Helldunkel des Licht- und Schattenwurfs überlagert, den der Wind in den Zweigen der Bäume erzeugt (Abb. 1.4). Der „schicksalhafte" Wind, der zuvor schon das expressive Lichtspiel unter Deck der „Katharina Quandt" bedingt hat und aus dem sich der fatale Sturm entwickeln wird, in dem Ernas Verlobter umkommt, verbindet, auf diese Weise ins Visuelle transponiert, die bisher gesehenen Schauplätze und fasst die Protagonisten unter ein gemeinsames Movens der anhebenden Erzählung.

**Abb. 1.4:** Dynamisches Helldunkel.

Diese Bewegung setzt sich fort, angetrieben von einer prononciert dynamischen Kameraarbeit, die Karsten Witte mit Blick auf MORGEN BEGINNT DAS LEBEN nicht umsonst als „fluide" bezeichnet hat.[79] Hier dient sie dazu, uns die Topografie der Blankeneser Handlungsschauplätze in ihrer Analogie zur Anordnung von Brücke und Kajüten vor Augen zu führen: Die Villa der Sthümers liegt, wie ein weiterer Kameraschwenk als Szenenübergang enthüllt, nur wenige Meter auf einer Anhöhe oberhalb der beiden weitaus kleineren Häuser des Schiffszimmermanns Semmler und des Schiffsbedarfshändlers Lüders.

Von außen nähert sich der Kamerablick auf das mit Gardinen verhangene Fenster des Wohnzimmers, in dem Lisa Sthümer am Flügel sitzt. Die Kamera springt ins Zimmer hinein, als die Reedersfrau vom Zimmermädchen in ihrem Spiel unterbrochen wird und die Mitteilung erhält, dass Herr Sthümer heute Nacht nicht mehr nach Hause zurückkehren wird. Das folgende Gespräch über die Schwierigkeiten der Eingewöhnung im Norden wird immer wieder von Schiff-

---

**79** Witte: Hochbaum, der Periphere: ein Zentraler, S. 8: „Die Kamera panoramiert, schwenkt, tanzt durch den Raum, als stünde hinter ihr eine Erzählfigur, die den Raum horizontal vermißt."

**Abb. 1.5:** Klavier im Wellengang.

fahrtsgeräuschen punktiert, die von der nahen, konstant im schemenhaften Hintergrund sichtbar gehaltenen Elbe in das Zimmer dringen, weshalb das Fenster auf Bitten der Hausherrin geschlossen wird. Nachdem auch das Radio, in dem lediglich unerwünschte Schiffsmeldungen zu hören sind, kurzerhand wieder ausgeschaltet wurde, setzt sich Lisa Sthümer abermals an den Flügel und beginnt mit einem ersten temperamentvollen Griff in die Tasten erneut zu spielen.

Die dramatisch anschwellende Melodie wird mitgenommen in eine Montagesequenz von bedrohlich dräuenden Wolken und vom Wind gepeitschten Bäumen, bevor der Kamerablick wieder just zu dem Augenblick ins Wohnzimmer der Sthümers zurückkehrt, als die Gartentür vom heftigen Wind aufgestoßen wird. Die Hausherrin lässt sich dadurch nicht beirren. Ganz im Gegenteil: Ihrem leidenschaftlichen Spiel wird per langsam hervortretender Doppelbelichtung das Panorama hohen Wellengangs auf See unterlegt. Für einige Sekunden fügen sich die tosende See und das tosende Spiel, das instrumental aus dem Off zu symphonischer Stärke anschwillt, zu einer einzigen Wahrnehmungsfigur (Abb. 1.5).

Schließlich setzt sich die aufgewühlte See im Bildkader durch und eröffnet eine visuelle Kaskade ähnlicher Ansichten. Sie führen schließlich zu Sturmszenen an Bord der „Katharina Quandt", auf der Erna zusammen mit Vater und Brüdern gegen den heftigen Seegang zu kämpfen hat. Die Exposition endet damit, dass Erna auf Geheiß ihres Vaters das Steuer übernimmt und – so wird zumindest im Schlussbild und der folgenden, am Morgen nach dem Sturm an Bord spielenden Szene suggeriert – das Schiff sicher durch den Sturm lenkt.

Ästhetisch wird in der Exposition von EIN MÄDCHEN GEHT AN LAND ein Prozess der Raumdiffusion in Gang gesetzt, der Omnipräsenz, Vielgestaltigkeit und dynamische Heterogenität als grundlegende mediale Eigenschaften des Fluiden in die Register des Sinnlich-Symbolischen überträgt.[80] Sie bilden im weiteren Verlauf des Films die Grundlage für ein inszenatorisches Kalkül, das aus den heterotopischen Wechselverhältnissen zwischen Fluidem und Festgefügtem variierende atmosphärische Aggregatzustände gewinnt. In der Szene etwa, in der Erna an Bord der „Katharina Quandt", wo sie mit ihrer Familie soeben um den Mittagstisch versammelt war, die Mitteilung vom Tode Groterjahns erhält, setzt die Schuss-Gegenschuss-Montage die beiden Wahrnehmungssysteme in bildhafter Polarität gegeneinander, so wie zuvor im Gespräch zwischen Friedrich Semmler und Onkel Lüders: Das statische Tableau der noch immer um den Tisch versammelten Familie wird mit einer Großaufnahme Ernas vor dem Hintergrund vexierender Lichtreflexe kontrastiert. Sie verleihen einer inneren Gemütsbewegung äußeren Ausdruck, deren Resultat Erna – in Mimik und Gestik dem Anschein nach ungerührt[81] – ihrer Familie verkündet: „Ich kann jetzt nicht an Bord bleiben, Vater, das weißt du selbst. Ich geh' an Land."

An Land wiederum entwirft der Film Räume, die auf ähnliche Weise von Mustern der ästhetisch-atmosphärischen Differenz und Diffusion gezeichnet sind: Während die Kammer Ernas im Haushalt der Sthümers mit ihren Holzplanken, geschwungenen Formen und einem rundlich eingefassten Fenster seine neue Bewohnerin zu Recht an ihre Koje auf der „Katharina Quandt" erinnert, sind Architektur und Einrichtung aller anderen großzügigen Zimmer, Säle und Flure von symmetrisch angeordneten Formen und arabesk verspielten, mal gitterförmigen, mal floralen Ornamenten geprägt. Blankenese mit der Sthümer-Villa, den Häusern der Familien Lüders und Semmler ist somit nicht nur topografisch, sondern auch atmosphärisch zwischen Stadt, Land und Meer angesiedelt. Nicht von ungefähr wird Erna am Ende in diesem Zwischenbereich ihre neue Heimat finden.

Vollends wird die atmosphärische Zwischenstellung Blankeneses im Kontrast zu den eigentlichen Räumen der Stadt lesbar: Hochbaums Bilder von ihr sind durchsetzt mit Netz- und Gittermotiven, die sich in der Straßenarchitektur ebenso finden wie in den Schatten auf den Figuren, vor allem aber in Elfriedes Kneipe mit ihren Girlanden und Gliederketten-Vorhängen und Jonnys darüber gelege-

---

80 Vgl. Franziska Heller: *Filmästhetik des Fluiden. Strömungen des Erzählens von Vigo bis Tarkowskij, von Houston bis Cameron*. München 2010, S. 56.
81 Inszeniert ist hier ein Spiel der Diffusion von Innen und Außen, dessen Metaphorik auch im Dialog aufgerufen wird, wenn Jonny bei ihrer ersten Begegnung von Erna behauptet: „Solche Augen haben nur Seeleute. Da spiegelt sich das ganze Meer drinnen."

nem, vom Schattenwurf der Jalousien schraffiertem Zimmer auf St. Pauli. „Eine Stadt ist wie ein Netz. Fäden laufen kreuz und quer",[82] liest man in Leidmanns Roman. Hochbaum lässt die Netzmetapher selbst noch in das erste Rendezvous zwischen Erna und Jonny hineinspielen, bei dem der Frauenheld im Café per Tischtelefon permanent von anderen jungen Damen angerufen wird. Als solche bildet sie eine weitere Brücke zwischen Land bzw. Stadt und Meer, indem sie das urbane Geflecht von Kommunikation, Unterhaltung und Verführung mit dem maritimen Fangnetz des Fischers figurativ zur Deckung bringt.

In die idyllisch-piktoriale Form eines statischen Figurentableaus gepresst, scheinen mit dem Schlussbild des Films, den Gesetzen des Melodramas gehorchend, die von Hochbaum mobilisierten atmosphärischen Regime einmal mehr auf die Familie als das einzig wahrhaft Festgefügte hin aufgelöst und metaphorisch mit der Rede vom „sicheren Hafen" endgültig besiegelt. Im Abspann gilt der letzte Blick dann jedoch wieder dem offenen Meer, bevor über den aus dem Vorspann bekannten Bildern endlos rollender Wellen die Einblendung „Ende" zu lesen ist (Abb. 1.6). Diese paradoxe Fügung behauptet das Fluide als ein dem Filmischen zutiefst verwandtes Prinzip der beständigen Veränderung, dessen zeitlicher Horizont potenziell unendlich ist und das als Raumkategorie auf eine „innere Unermesslichkeit" hindeutet.[83] So endet ein Film, der, das Loblied aufs irdische Glück singend, zugleich dessen Grenzen aufzuzeigen versteht.

„Der Mensch kann nur dann gut und in Sicherheit leben, wenn er den Kampf zwischen Erde und Wasser für beendet (zumindest für beherrscht) hält", liest man bei Gilles Deleuze an eher abgelegener Stelle.[84] Der Satz könnte auch von Carl Schmitt stammen. Deleuze fügt seiner Feststellung allerdings eine Bemerkung hinzu, wie man sie bei Schmitt vergeblich suchen dürfte: „Diese beiden Elemente nennt er gern Vater und Mutter, wobei er die Verteilung der Geschlechter der Laune seiner Träumerei überläßt."[85]

---

[82] Leidmann: *Ein Mädchen geht an Land*, S. 140.
[83] Gaston Bachelard: *Poetik des Raumes* [1957]. Frankfurt am Main 2007, S. 187. Vgl. Heller: *Filmästhetik des Fluiden*, S. 66 f.
[84] Gilles Deleuze: Ursachen und Gründe der einsamen Inseln. In: Ders.: *Die einsame Insel. Texte und Gespräche von 1953 bis 1974*. Frankfurt am Main 2003, S. 10–17, hier S. 10. Es handelt sich dabei um einen in den 1950er Jahren entstandenen Text, der zu Lebzeiten von Deleuze unveröffentlicht geblieben ist.
[85] Deleuze: Ursachen und Gründe der einsamen Inseln, S. 10.

**Abb. 1.6:** Schlussbild von Ein Mädchen geht an Land.

## 2 Sprengungen: EIN LORD AM ALEXANDERPLATZ

In einem Land leben, wo es keinen Humor gibt, ist unerträglich, aber noch unerträglicher ist es in einem Land, wo man Humor braucht.[1] (Bertolt Brecht, 1949)

Indem das Kino uns die Welt erschließt, in der wir leben, fördert es Phänomene zutag, deren Erscheinen im Zeugenstand folgenschwer ist. Es bringt uns Auge in Auge mit Dingen, die wir fürchten. Und es nötigt uns oft, die realen Ereignisse, die es zeigt, mit den Ideen zu konfrontieren, die wir uns von ihnen gemacht haben.[2] (Siegfried Kracauer, 1960)

Familien sind stets Elemente von Gruppen; und diese sind [...] in gemeinsamen Atmosphären begründet. [...] Im Zeichen des Atmosphärischen laufen [...] zahlreiche unsichtbare, gleichwohl trennscharfe und wirksame Grenzen durch die ganze menschliche Lebenswelt.[3] (Hubert Tellenbach, 1968)

Dem ‚leichten' Genre angemessen, kommt die Geschichte, die EIN LORD AM ALEXANDERPLATZ (1967) erzählt, recht harmlos daher. Ewald Honig (Erwin Geschonneck), ein schon etwas betagter Lebemann, der im Westen wegen betrügerischer Eheversprechen in Konflikt mit dem Gesetz geraten ist, siedelt nach verbüßter Strafe von München nach Ostberlin über. Dort lebt seine erwachsene Tochter Ina (Angelica Domröse), der er von nun an ein guter Vater sein will. Mit seinem alten Mercedes 300 fährt er in die Hauptstadt der DDR ein, findet sich jedoch alsbald durch verschiedene weibliche Zufallsbekanntschaften erneut in überwunden geglaubte Verwicklungen verstrickt.

Gleich drei Damen mittleren Alters erliegen seiner eleganten Erscheinung, seinem Charme und der unwiderstehlichen Anziehungskraft, die das hinter der Nobelkarosse vermutete „Auslandsvermögen" auf diejenigen ausübt, die sich in Zeiten gesellschaftlicher Neuorientierung nach einem potenten Versorger sehnen: Da ist zum einen die Leiterin einer Kfz-Werkstatt (Erika Dunkelmann), wohin Honig gleich nach seiner Ankunft in Berlin die altersschwachen Bremsen seines Mercedes führen. Da ist zum anderen eine frisch gebackene Witwe (Carola Braunbock), die mit etwas Vermögen und einem durch den Tod des Gatten überflüssig gewordenen Wartburg-Kombi seit kurzem allein im Leben steht. Da ist drittens eine gewisse Frau Müller (Marianne Wünscher), die dem Kosmetiksalon

---

1 Bertolt Brecht: Flüchtlingsgespräche [1949]. In: Ders.: *Gesammelte Werke*, Bd. 6 (Prosa 2). Frankfurt am Main 1967, S. 1459.
2 Siegfried Kracauer: *Theorie des Films. Die Errettung der äußeren Wirklichkeit* [1960]. In: Ders.: *Werke*, Bd. 3, hg. v. Inka Mülder-Bach u. Mitarbeit v. Sabine Biebl. Frankfurt am Main 2005, S. 467.
3 Hubert Tellenbach: Das Atmosphärische als das Umgreifende [1968]. In: Stephan Günzel (Hg.): *Texte zur Theorie des Raums*. Stuttgart 2013, S. 64–66, Zitat S. 64f.

vorsteht, in dem Honigs Tochter angestellt ist, und mit der er am Ende sehr zum Verdruss der anderen beiden tatsächlich die Ehe eingehen wird.

Durch die unverhoffte Rückkehr des Vaters schlägt auch das Leben seiner Tochter, zumindest vorübergehend, eine neue Richtung ein. Unter dem Eindruck des vermeintlich vom Vater importierten gehobenen Lebensstandards verabschiedet sich Ina von Wolfgang (Jürgen Reuter), ihrem jugendlich ungestümen Verehrer aus dem Ruderverein, um sich reiferen Männern zuzuwenden, die ihr hübsche Kleider, ein Motorboot oder eine Reise zum Plattensee bieten können. Es dauert nicht lange, bis die Volkspolizei auf die verdächtigen Umtriebe von Vater und Tochter aufmerksam wird – nicht zuletzt wegen der von ihnen separat geschalteten Kontaktanzeigen. Die Ermittlungen werden allerdings eher halbherzig vorangetrieben. Polizeihauptmann Pahl (Friedo Solter) setzt die gerade zu Fortbildungszwecken in der DDR weilende ungarische Kollegin Johanna Farkas (Monika Gabriel) und den Kriminalpsychologen Dr. Achim Engelhardt (Armin Mueller-Stahl), Autor eines Standardwerks zur „Täterpsychologie", auf die „Fälle" an. Nachdem Honig verheiratet, Ina zu Wolfgang zurückgekehrt und aus den beiden Ermittlern, die sich zwischendurch gegenseitig für die Gesuchten gehalten hatten, ein drittes Paar geworden ist, löst sich zu guter Letzt vor Gericht alles in jenes Wohlgefallen auf, auf das es Günter Reischs Komödie von Anfang an abgesehen zu haben schien.

EIN LORD AM ALEXANDERPLATZ wäre nicht mehr als eine amüsante Kapriole im Werk Reischs und bliebe eine Fußnote in der Gesamtproduktion der DEFA, nähme man den Film lediglich zum Anlass, den Einfallsreichtum hervorzuheben, mit dem seine Handlung erdacht und von Regisseur und Darstellern ins Werk gesetzt wurde, um damit den schlichten Nachweis zu führen, dass auch bei der DEFA funktionierende und heute noch unterhaltend anzuschauende Genrefilme möglich waren. Im Rückblick erscheint EIN LORD AM ALEXANDERPLATZ weit aufschlussreicher und auch weitaus prekärer in der Geschichte der DEFA zu stehen, als es sein Komödien-Inhalt für sich genommen vermuten lässt. Und das in mehrfacher Hinsicht: Mit Blick auf die kulturpolitischen Rahmenbedingungen, unter denen er entstanden ist; mit Blick auf die Genrepoetik, die er in der konkreten historischen Situation, in die er eingelassen ist, verfolgt; sowie mit Blick auf die ästhetischen Formen und gesellschaftlichen Diskurse, die er in Verbindung mit seinem Sujet ins Spiel bringt. Von allen drei Seiten her sollen im Folgenden Schlaglichter auf den Film geworfen werden. Am Ende laufen meine Überlegungen und Beobachtungen auf die These hinaus, dass EIN LORD AM ALEXANDERPLATZ im Spannungsfeld der von Brecht bezeichneten gesellschaftlichen Aporie und im Bereich der atmosphärischen Auskleidung der Handlung eine Reihe von Strategien entwickelt, die – mit Kracauer gesprochen – auf humorvolle

Weise die Dingwelt der Großstadt ins Spiel bringen, um die Ideen zu prüfen, die man sich von ihr macht.

## Romantik und Realität

Jede noch zu schreibende Geschichte der Filmkomik in der DDR hätte Günter Reisch einen der vordersten Plätze einzuräumen. Kein zweiter Spielfilm-Regisseur der DEFA hat die Genres der Komödie und des Lustspiels mit vergleichbarer Akribie und Ausdauer bedient, niemand sonst mit ähnlicher Insistenz über politische Klimaveränderungen und die Gezeiten des Geschmackswandels hinweg die spielerischen Freiheiten des Komischen immer wieder aufs Neue erprobt, ihre gesellschaftliche Relevanz ausgetestet. Nicht weniger als dem zweiten Zentralstrang seines Filmschaffens, den zumeist im Duktus einer ernsthaft aufzuarbeitenden Genealogie gehaltenen Heldenporträts aus der Geschichte der sozialistischen Bewegung, hat Reisch seinen Komödien die vielfach attestierten Stärken seiner Regie in den Dienst gestellt: das Gespür für Schauspieler-Inszenierung und präzise Figurencharakterisierung, den Instinkt für passende formale Zuspitzungen durch avancierte Bild-Ton-Montagen, vor allem aber die durch wachsende Routine sukzessiv verfeinerte Gabe, eine Szene in atmosphärischer Verdichtung auf den Punkt zu bringen.[4]

Den über Jahrzehnte durchgehaltenen Wechsel zwischen beiden Hauptsträngen seines Schaffens wollte der Regisseur dabei weder als logische Gesetzmäßigkeit noch als reines Zufallsprodukt betrachtet wissen. Vielmehr sprach er einmal von einer „berechtigten Notwendigkeit", die sich nicht allein aus künstlerischen Erwägungen ableiten ließe, sondern gesellschaftlichen Gegebenheiten und den Bedürfnissen des Publikums Rechnung trug.[5] Es mag bis auf weitere vergleichende Einzeluntersuchungen dahingestellt sein, ob der von Kritikern an seinen historischen Filmen beobachtete künstlerische „Reifeprozess" von eher schematisch geprägten Handlungs- und Figurenentwürfen zu einer „psychologisch tiefer lotenden Analyse [...] bis hin zu individualisierten Charakterbildern"[6] seinem Werk insgesamt zu unterstellen ist. Die Spanne zwischen JUNGES GEMÜSE (DDR 1956) und MAIBOWLE (DDR 1959) am einen, NELKEN IN ASPIK (DDR 1976)

---

4 Vgl. Lutz Haucke: Günter Reisch. Von der Notwendigkeit des historischen Revolutionsfilms und der Filmkomödie. In: Rolf Richter (Hg.): *DEFA-Spielfilmregisseure und ihre Kritiker*, Bd. 1. Berlin 1981, S. 125–149, hier S. 133. Vgl. a. Ludmilla Kasjanowa: Günter Reisch. In: Dies. und Anatoli Karawaschkin: *Begegnungen mit Regisseuren*. Berlin 1974, S. 71.
5 Zit. nach Kasjanowa: Günter Reisch, S. 66.
6 Haucke: Günter Reisch, S. 125.

und ANTON DER ZAUBERER (DDR 1978) am anderen Ende des Zeitpfeils legt eine solche Entwicklung seiner Arbeit im Bereich der Filmkomödie zumindest nahe. Wobei freilich der Hinweis zu berücksichtigen ist, dass man es in diesem Genre im Allgemeinen eher mit „Typen" zu tun hat, die selten zu „Charakterbildern" vorstoßen.[7]

Quer zur Werkchronologie sind die historischen und die komischen Sujets bei Reisch über die Konstante eines „inneren Grundthemas"[8] miteinander verbunden, das seinem Filmschaffen epochen- und genreübergreifend Kohärenz verleiht. Diesem „*inneren Thema* nachzugehen", sei ihm beim Filmemachen immer am wichtigsten gewesen, gibt Reisch Ende der 1970er Jahre zu Protokoll:

> Sie können es in vielen meiner Filme entdecken – in den Auseinandersetzungen mit der romantischen Vorstellung von Revolution und Entwicklung des Sozialismus, in den Schwierigkeiten, sich davon zu lösen, und im notwendigen Übergang zu den disziplinierten Formen des Kampfes und des Zusammenlebens. Und man wird die eigene Disziplinierung darin entdecken, die Einordnung in die Gesellschaft, und daß darin einer seine Freiheit sucht.[9]

Was sich in der hier gewählten Diktion liest, als sei es allein auf die Protagonisten seiner historischen Filme gemünzt, lässt sich an anderer Stelle, wo vom Erkennen des Zusammenhangs „zwischen abenteuerlichen romantischen Vorstellungen und den Realitäten des Lebens" die Rede ist, auch als im Hintergrund wirksames Leitprinzip der Komik seiner Lustspiele auslegen.[10] Als solches lässt es sich nicht zuletzt anwenden auf die dramaturgische Folie, auf der ein Film wie EIN LORD AM ALEXANDERPLATZ beileibe nicht nur seine Hauptfigur als einen mit überholten ‚romantischen' Vorstellungen behafteten Charakter entwirft, der sich nach seiner Umsiedlung aus dem Westen in der neuen sozialistischen Lebenswirklichkeit zurechtfinden muss. „Mir scheint", so Reisch,

> daß der Lustspielfilm seine Gestalten in eine zum komischen Widerspruch herausfordernde Situation versetzt. Sie sollte originell und unverwechselbar sein. Erwin Geschonneck als Lord am Alexanderplatz, erfahrener Heiratsschwindler in der bürgerlichen Gesellschaft, kommt in die DDR und will sein Leben in ehrlicher Ruhe beenden. Aber einige Frauen hier,

---

**7** Günter Reisch: Bist Du ein Arbeiter, oder bist Du kein Arbeiter? In: Ders.: *Anspruch, Realisierung und Zuschauer. Ausgewähltes – 70er Jahre. Eine Dokumentation.* Sonderheft *Aus Theorie und Praxis des Films* 7/8, 1980, S. 76.
**8** Günter Reisch: In schwierigsten Situationen immer optimistisch. In: *Ostsee-Zeitung* (16.09. 1978); zit. nach Reisch: *Anspruch, Realisierung und Zuschauer,* S. 90.
**9** Günter Reisch: Erinnerungen im 30. Jahr der DDR (Teil I). Ein Werkstattgespräch – Diskussionspartner Lutz Haucke. In: *Filmwissenschaftliche Beiträge* 1, 1979, S. 5–34, hier S. 6.
**10** Reisch: In schwierigsten Situationen immer optimistisch, S. 90.

ungewohnt solcher Artigkeiten wie Rosenschenken, Handküsse und anderer Aufmerksamkeiten außerhalb des Frauentages, stürzen sich auf diesen charmanten Kollegen und bringen ihn in die gefährlichsten Versuchungen. Das sind Ansätze für ein Lustspiel.[11]

## Vergangenheit und Gegenwart

Reisch und sein Co-Autor Kurt Belicke entwickeln diese Ansätze in ihrem Film, der zum ersten Produktionsjahrgang nach dem verheerenden 11. Plenum gehört,[12] in dessen Folge rund ein Dutzend Spielfilme der Zensur zum Opfer fielen, nicht mehr im ideologischen Sinne einer rein kontrastiven Satire. Deren Wiederbelebung war im Anschluss an den im Oktober 1952 abgehaltenen 19. Parteitag der KPdSU als Mittel des Klassenkampfes gefordert und in den 1950er Jahren in der Sowjetunion wie bei der DEFA im Film rege praktiziert worden. Anstelle die sich im Denken und Verhalten der Protagonisten manifestierenden „Überbleibsel" des kapitalistischen und bürgerlichen Zeitalters zum Gegenstand eines „zornigen, geißelnden" Verlachens zu machen, mit dem sich die (sozialistische) Gegenwart von der (bürgerlich-kapitalistischen) Vergangenheit vermeintlich auf einen Schlag befreit, wählt EIN LORD AM ALEXANDERPLATZ die feinere Klinge der humorvollen Beobachtung seiner Helden und einen Umgang mit den in den sozialistischen Alltag mitgeschleppten Schwächen, der von subtilen Ironien durchzogen ist.[13]

---

**11** Das Lustspiel erlaubt, das Leben spielerisch und vorwiegend heiter zu betrachten. In: *Kino DDR. Progress-Pressebulletin* 9, 1978; zit. nach Reisch: *Anspruch, Realisierung und Zuschauer*, S. 95.
**12** EIN LORD AM ALEXANDERPLATZ, der seine Premiere am 3. März 1967 hatte, gehört neben Horst Seemanns Debüt HOCHZEITSNACHT IM REGEN (UA: 15. Mai), Wolfgang Luderers MEINE FREUNDIN SYBILLE (UA: 25. Juni) und Ralf Kirstens FRAU VENUS UND IHR TEUFEL (UA: 1. Juli) zu den vier Spielfilmkomödien, die von der DEFA 1967 in die Kinos gebracht wurden. Sie machen damit mehr als ein Drittel der insgesamt elf Spielfilmpremieren dieses Jahres aus (Kinderfilme nicht mitgezählt). Deutlich wird in ihnen, dem Urteil Klaus Wischnewskis zufolge, „der generelle Versuch der DEFA, mit leichter Kost Gegenwart freundlich zu umspielen, konventionell zu verschönen oder ihr in undeutliche Historie auszuweichen". Klaus Wischnewski: Träumer und gewöhnliche Leute. 1966 bis 1979. In: Ralf Schenk (Red.): *Das zweite Leben der Filmstadt Babelsberg. DEFA-Spielfilme 1946–1992*. Berlin 1994, S. 213–263, hier S. 216.
**13** Zur ideologischen Mobilisierung der Satire Anfang der 1950er Jahre sowie zur Unterscheidung der verschiedenen satirischen Spielarten vgl. Juri Borew: Der Waffen liebste Gattung. In: *Über die Satire im Film*, hg. v. Ministerium für Kultur, Hauptverwaltung Film (*Beiträge zu Fragen der Filmkunst*, Heft 6). Berlin o. J. [1954], S. 7–32 (dort auch die im vorhergehenden Satz gemachten Zitate auf S. 9 und 20). Reisch selbst erinnert sich, dass vorangegangene „Versuche im Genre der Filmsatire" bei der DEFA wie WOZZECK (D 1947, Georg C. Klaren) oder DIE SELTSAMEN ABENTEUER

Die beiden zentralen Protagonisten des Films, Honig und seine Tochter Ina, reihen sich auf diese Weise ein in eine Galerie nominell ‚negativer Helden', die Reisch dennoch sympathisch wirken lässt. Für sie gilt wie für den egozentrischen Funktionär Amman (Herbert Richter) aus JUNGES GEMÜSE, den Gerechtigkeitsfanatiker Thomas (Arno Wyzniewski) aus ACH, DU FRÖHLICHE... (DDR 1962) oder den Titelhelden von ANTON DER ZAUBERER, dass sie zwar dem sozialistischen Gesellschaftsideal fremde Vorstellungen und Verhaltensweisen an den Tag legen, unter der kritikwürdigen Oberfläche im Grunde jedoch ein „guter Kern" steckt, der „sich über belachenswerte Verwicklungen und Verkehrungen schließlich durchsetzt" und in eine verlässliche „Bekehrung des Helden" mündet: „Auf die bissigen Attacken wird verzichtet. Reisch setzt auf gutmütigen Humor, auf Spaß, Augenzwinkern, auf das Ausspielen der kleinen Schwächen zu großen Wirkungen."[14]

In seiner Handhabung des satirischen Elements geht es Reisch nicht darum, sich der Residuen der Vergangenheit mit den Mitteln der ideologisch motivierten radikalen Überzeichnung schlicht und einfach zu entledigen. Viel eher geht es ihm um eine auf die Gegenwart gerichtete „Kritik an bestimmten zeitgenössischen Zuständen",[15] die über das Lachen den Weg zu einer Form der gesellschaftlichen Selbstkritik freimachen will, die weder dogmatisch und verordnet erscheint noch

---

DES FRIDOLIN B. (D 1948, Wolfgang Staudte) im Zuge der Formalismus-Debatte „damals von der Kritik ziemlich niedergeknüppelt" worden seien (Reisch: Erinnerungen im 30. Jahr der DDR [Teil I], S. 11). Eine Wende signalisierte dann der Erfolg von Staudtes DER UNTERTAN (DDR 1951). Sowohl das 1953/54 unrealisiert gebliebene Filmprojekt „Shakespeare dringend gesucht" nach dem Theaterstück von Heinar Kipphardt als auch Reischs Spielfilmregiedebüt JUNGES GEMÜSE, eine aktualisierende Reprise von Gogols „Revisor", in dem ein Schriftsteller auf der Suche nach einem literarischen Stoff aus dem Landleben der DDR im betreffenden Dorf irrtümlich für einen Kontrolleur des Ministeriums gehalten wird, sind im unmittelbaren Zusammenhang mit dieser Entwicklung zu sehen. Demgegenüber gilt ACH, DU FRÖHLICHE... (1962) Filmhistorikern heute als Vorläufer der realistisch-kritischen Gegenwartsfilme von 1965/66, die auf dem 11. Plenum verboten wurden. Vgl. Michael Grisko: JUNGES GEMÜSE (1956) oder „Marxismus" in Kappeshausen. Günter Reischs Debütfilm im Kontext der zeitgenössischen Lustspiel- und Satiredebatte; ders.: Günter Reischs Weihnachtsfilm ACH, DU FRÖHLICHE... (1962), oder das „Leben ist eine Leberwurst". Beide in: Michael Grisko (Hg.): *Zwischen Historienfilm und Gegenwartskomödie. Studien zum Werk des DEFA-Regisseurs Günter Reisch*. Marburg 2012, S. 47–69 und 123–140. Zu den schwierigen Anfängen des auf die inneren Befindlichkeiten der SBZ und DDR gerichteten satirischen Genres vgl. medienübergreifend Sylvia Klötzer: *Satire und Macht. Film, Zeitung, Kabarett in der DDR*. Köln, Weimar und Wien 2006.

**14** Haucke: Günter Reisch, S. 140. Ähnlich wurde die Behandlung der Honig-Figur noch knapp zwei Jahrzehnte später bewertet: „Reisch verspottet diese Haltung nicht, sondern näherte sich ihr mit augenzwinkerndem Humor." Ralf Schenk: Zwischen Komik und Pathos. Der Regisseur Günter Reisch – Skizzen zu einem Porträt. In: *Film-Dienst* 25, 1997, S. 4–7, hier S. 5.
**15** Haucke: Günter Reisch, S. 141.

die spezifische Gemengelage der „Gleichzeitigkeit des Ungleichzeitigen" (Ernst Bloch) verkennt.[16]

Reischs in vielen Texten und Gesprächen ausgebreitete ‚Sozio-Poetik' der Filmkomödie, die zugleich eine politische Wirkungsästhetik des Genres formuliert,[17] enthält zahlreiche Hinweise auf eine solche Auffassung. So wolle er „mit Mitteln der Komödie die Widersprüche in unserer Gesellschaft aufs Korn nehmen, sie mit dem Geschichtsoptimismus, der in mir steckt, heiter lösen helfen oder die generelle Lösbarkeit von Widersprüchen und Konflikten in unserer Gesellschaft andeuten".[18] „Das Lachen auf vielen Ebenen" solle dabei jeden einzelnen im Publikum zum „dialektischen Denken" zwingen:

> Von der Kunst wird erwartet, daß sie auf Entdeckungen ausgeht. Ich meine in diesem Zusammenhang, daß man auch etwas über die komische Seite entdecken kann. Und wenn das Lachen über eine Sache dazu beitragen kann, Überholtes abzuwerfen, dann hat auch das Lachen einen gesellschaftlichen Wert. [...] Das Überholte ist ja nicht Restprodukt einer alten Gesellschaft, auch eine neue, aufstrebende, sich entwickelnde Gesellschaft schafft ja ständig etwas, was sie hinter sich zurückläßt und zurücklassen muß, wenn Dinge zur Konvention zu werden drohen.[19]

Der praktischen Umsetzung dieses Programms hat immer wieder entgegengestanden, dass sich bei der DEFA, wie Reisch wiederholt anmerkt, innerhalb der Komödienproduktion niemals wirklich eine Tradition herausgebildet hat. Durch das Fehlen kontinuierlicher Arbeitsmöglichkeiten in diesem Genre habe sich auch die notwendige Professionalisierung im Umgang mit typischen Stilmitteln nicht

---

**16** Dies führte in der Rezeption des Films mitunter zu ideologischen Irritationen. So heißt es in einer unveröffentlichten Analyse des Films: „Da der Regisseur Günter Reisch für die Gegenüberstellung der zwei Welten, die hier letztendlich aufeinanderprallen müßten, auch auf unserer Seite zum Teil sehr überlebte Handlungsvertreter und Handlungsumgebungen wählt, bleibt die Konsequenz etwas im Unklaren. Dadurch wird die Eindeutigkeit der Aussage oder besser: des Ideengehaltes erschwert." (Barbara Demmler: Versuch einer Filmanalyse. „Ein Lord vom Alexanderplatz", 7-seitiges, undatiertes Typoskript, S. 3 f., Nachlass Günter Reisch, Filmmuseum Potsdam, Sammlungen.)
**17** So sei prinzipiell der „Unterhaltungswert komischer Gestaltungsmittel [...] nicht zu trennen von gesellschaftlicher Wirkung" und das Komische deshalb ein „wesentlicher Bestandteil" seines „ästhetischen Programms", weil es „ein wichtiges Instrumentarium" darstelle, „um weltanschauliche Grundhaltungen auszudrücken und festigen zu helfen". Das Gespräch geht weiter. (Der Film – Abbild oder Entwurf? In: *Film + Fernsehen* 3 [1977]; zit. nach Reisch: *Anspruch, Realisierung und Zuschauer*, S. 137.)
**18** Günter Reisch: Erinnerungen im 30. Jahr der DDR (Teil II), S. 101.
**19** Heiterkeit auf der Waagschale. In: *Thüringische Landeszeitung* (30.09.1976); zit. nach Reisch: *Anspruch, Realisierung und Zuschauer*, S. 76.

einstellen können. Dieser Umstand wiegt umso schwerer, als nach eigener Aussage die „scheinbar leichte Erzählweise, das lockere Arrangement, die Pointierung durch die Montage, die gewitzte Dialogführung, der richtige Musikeinsatz" den „inneren Rhythmus" eines Regisseurs nirgendwo mehr fordere als „im heiteren Genre".[20] Eine Ersatzfunktion erfüllte für Reisch zumindest ansatzweise die Produktionsgruppe „Johannisthal":

> Die hatte als einzige ein fest umrissenes Profil, sie war ernsthaft entschlossen, nur das heitere Genre zuzulassen. [...] Das war die Heimat dafür. Dort machten wir den DIEB VON SAN MARENGO (1963) und EIN LORD AM ALEXANDERPLATZ (1967). [...] *Das Stacheltier* war eine Schule für Regisseure, der Autoren und der Schauspieler für dieses Genre, also auch eine einfach notwendige handwerkliche Basis ...[21]

## Politik und Produktion

Die Kontinuität des unmittelbaren Arbeitszusammenhangs war um die Jahreswende 1965/66 aber auch von politischer Seite her ganz konkret gefährdet. Ein Exposé und die erste Fassung des Drehbuchs, die noch den Titel „Ein Lord vom Friedrichshain" trug, wurden von Reisch und Belicke noch vor dem 11. Plenum entwickelt, das Mitte Dezember 1965 tagte, eine zweite Drehbuchfassung wurde im Januar 1966 in ministeriellem Auftrag intern begutachtet.[22] Vor dem Hintergrund der jüngsten Verbote gegenwartskritischer DEFA-Filme wird die wichtigste Feststellung in der Einschätzung des Gutachtens bereits im ersten Satz getroffen: „Dieses Lustspiel hat kein großes gesellschaftliches Anliegen."[23] Ausführlich werden in der Folge die verschiedenen Stufen der Stoffentwicklung rekapituliert, die auf signifikante Umwertungen in der Figurenkonzeption deuten:

> Am Anfang gab es ein Exposé, das ausschließlich auf die Verwechslungsgeschichte zwischen den beiden Kriminalisten baute. Der Heiratsschwindler, also der kriminelle Faktor, spielte vorher eine untergeordnete Rolle, er diente aber nur der genannten Verwechslungsmöglichkeit. In der Entwicklung des Stoffes traten die beiden Heiratsschwindler, Honig und dessen Tochter Ina, immer mehr in den Vordergrund. Durch den Konflikt Honigs mit der Gesellschaft bekam der Stoff einen sozialen Aspekt und gewann dadurch an Substanz. [...] Gegenüber der 1. Drehbuchfassung gibt es eine 2. konzeptionelle Verbesserung, die von

---

20 Das Gespräch geht weiter; zit. nach Reisch: *Anspruch, Realisierung und Zuschauer*, S. 137.
21 Reisch: Erinnerungen im 30. Jahr der DDR (Teil I), S. 21.
22 Zum 11. Plenum vgl. Andreas Kötzing und Ralf Schenk (Hg.): *Verbotene Utopie. Die SED, die DEFA und das 11. Plenum*. Berlin 2015.
23 Einschätzung zu dem Drehbuch „Ein Lord vom Friedrichshain", Johannisthal, 29.01.1966 (Gericke/Hannemann), Nachlass Günter Reisch, Filmmuseum Potsdam, Sammlungen.

Bedeutung ist. Honig ist nicht mehr der vorsätzliche, aktive Heiratsschwindler. Fast ohne sein Zutun gerät er in die für ihn verfänglichen Situationen, wird seine Vergangenheit erneut heraufbeschworen. Aus Westdeutschland übergesiedelt, hat Honig ursprünglich die feste Absicht, nicht rückfällig zu werden. Zu seinem Unglück begegnet er aber verschiedenen Frauen, die ihn, gefangen von seinen ausgesuchten Umgangsformen, geradezu dazu zwingen, erneut zum Heiratsschwindler zu werden. Diese Konzeption des passiven Rückfalls macht die Anlage der Rolle Honig von vornherein komischer. Gleichzeitig wird durch die größere ironische Distanz zu Honig die Aussage unterstrichen: Es handelt sich bei diesem Heiratsschwindler um eine gesellschaftliche Ausnahme, eine schon überholte Erscheinung.[24]

Auf der Grundlage der im Gutachten erteilten Ratschläge entstand innerhalb weniger Wochen eine dritte Drehbuchfassung, in der die Handlung an verschiedenen Stellen deutlich gestrafft ist und auch die Schauplätze nun geografisch auf den Alexanderplatz verdichtet sind. Folgerichtig trägt diese Fassung erstmals den Titel des späteren Films. Bis Mitte März wurden weitere Stellungnahmen zu dieser neuen Version vorgelegt. Ende April 1966 erfolgten dann die Abschlussbesprechung und die Freigabe. Wie dem internen Schriftwechsel zu entnehmen ist, geschah dies gegenüber dem zunächst avisierten Zeitplan mit einiger Verspätung.[25] Sie erklärt sich nicht zuletzt dadurch, dass die Prüfung eingereichter Filmprojekte unmittelbar nach dem 11. Plenum äußerst penibel vorgenommen wurde, selbst wenn es sich bei ihnen um vermeintlich ‚harmlose' Lustspiele handelte. Die Verzögerung der Freigabe vom Ministerium hatte zur Folge, dass Drehvorbereitungen, etwa Motivbesichtigungen durch den Szenenbildner Alfred Thomalla, nicht wie geplant durchgeführt werden konnten.[26]

Bis Mitte Juni arbeiteten Reisch und Belicke ein Regiedrehbuch aus, in dem sie nochmals Streichungen einzelner Szenen sowie zahlreiche Umformulierungen im Dialog vornahmen. Da der fertige Film schon in früheren Drehbuchfassungen auf eine Länge von 2.700 Metern projektiert war, wurde nur weniges noch hinzugefügt. Darunter jener Gag, mit dem die Begrüßung der ungarischen Polizistin durch Hauptmann Pahl im Polizeipräsidium endet und der den Bogen schlägt zu den Bildern einstürzender Altbauten in der Eröffnungssequenz des Films: „Am Ende der Szene kippt Pahl den Schnaps aus dem Fenster. Ungeheure Explosion.

---

**24** Einschätzung zu dem Drehbuch „Ein Lord vom Friedrichshain". Im Zuge dieser Änderungen war vermutlich auch der ursprüngliche Arbeitstitel des Projekts, das zunächst unter „Der Heiratsschwindler" figurierte, fallengelassen worden.
**25** Stellungnahme des Ministeriums des Innern zu unserem Drehbuch „Ein Lord vom Alexanderplatz" (Der Heiratsschwindler), Berlin, 09.03.1966 (Klein), Nachlass Günter Reisch, Filmmuseum Potsdam, Sammlungen.
**26** Stellungnahme des Ministeriums des Innern zu unserem Drehbuch „Ein Lord vom Alexanderplatz".

Das alte Dia-Gebäude fällt zusammen. Johanna erschrocken: ‚Was war das?' – Pahl: ‚Der Alexanderplatz: ‚wir renovieren!'"[27] Wie handschriftliche Anmerkungen Reischs im Regiedrehbuch belegen, mussten kleinere Unstimmigkeiten in der Anlage von Nebenfiguren und der Erzählfunktion von Requisiten sowie in der psychologischen Motivation und dramaturgischen Konsequenz einzelner Handlungssituationen noch kurz vor Drehbeginn bzw. während der laufenden Dreharbeiten ausgebessert werden.[28]

Drei Wochen vor der ersten Klappe erhöhte die DEFA-Leitung den Druck auf die Produktionsgruppe. Sie wies Reisch unmissverständlich auf die besondere Situation hin, in der sich das Spielfilmstudio befand:

> Werter Genosse Reisch! In unserer letzten Besprechung über das Drehbuch machten wir darauf aufmerksam, daß das Negativ für den Film EIN LORD AM ALEXANDERPLATZ spätestens bis 31.12.1966 an das Zentrale Kopierwerk abgeliefert werden muß. Wie bekannt, hat das Studio durch die aus dem Jahre 1965 abgelehnten Filme nicht nur finanzielle Verluste erlitten, sondern auch im Jahre 1966 ergeben sich durch den verspäteten Produktionsanlauf größere Planrückstände. Die KAG ‚Johannisthal' ist durch [...] den vom Studio übernommen[en] Plan verpflichtet, diesen Film noch im Jahre 1966 abzuliefern. Andernfalls besteht die Gefahr, daß der Ablieferungsplan und auch der Finanzplan des Studios nicht erfüllt wird.[29]

Zur Not müsse der Film eben schon parallel zu den Dreharbeiten geschnitten werden, entsprechende „organisatorische Maßnahmen" seien zu ergreifen.[30]

Für Reisch stand von vornherein fest, dass Ewald Honig von Erwin Geschonneck gespielt werden sollte, der damit – nach dem Genossen Lörke in Reischs ACH, DU FRÖHLICHE... und der Figur des „Kalle" Blücher in Frank Beyers KARBID UND SAUERAMPFER (DDR 1963) – die dritte komische Hauptrolle in einem DEFA-Film übernahm. Für die Rolle der Ina Honig wurden zunächst auch Renate von Wangenheim, Jutta Hoffmann sowie die bis dahin noch gänzlich filmunerfahrene Dorit Gäbler in Betracht gezogen. Die Entscheidung für Angelika Domröse, die 1958 von Slatan Dudow für VERWIRRUNG DER LIEBE entdeckt worden war und seitdem in mehreren DEFA-Filmkomödien mitgewirkt hatte, scheint

---

27 Lord am Alexanderplatz. Ein Filmlustspiel. Regiedrehbuch, DII vom 16.06.1966, Bild 9, Nachlass Günter Reisch, Filmmuseum Potsdam, Sammlungen.
28 Günter Reisch: Handschriftliche Anmerkungen zu einzelnen Einstellungen [undatiert], Nachlass Günter Reisch, Filmmuseum Potsdam, Sammlungen.
29 Schreiben des VEB DEFA-Studio für Spielfilme KAG „Johannisthal" an Günter Reisch, 23.06.1966, Nachlass Günter Reisch, Filmmuseum Potsdam, Sammlungen.
30 Schreiben des VEB DEFA-Studio für Spielfilme KAG „Johannisthal" an Günter Reisch.

im Rahmen der Drehvorbereitungen erst relativ spät gefallen zu sein.[31] Ein Coup gelang mit der Besetzung des Kriminalpsychologen durch Armin Mueller-Stahl, der hier erstmals sein Talent für komische Figuren auf der Leinwand zeigen kann.

Den Auftakt der Dreharbeiten zu EIN LORD AM ALEXANDERPLATZ bildeten Mitte Juli 1966 Aufnahmen im Café „Espresso" im Lindencorso an der Ecke Friedrichstraße und Unter den Linden. Am zweiten Drehtag wurde in den Karolinenhof gewechselt, wo Szenen auf dem Wasser zur Aufnahme anstanden.[32] Gedreht wurde vorwiegend an Originalschauplätzen rund um den Alexanderplatz, laut Drehbuch waren nur sieben Dekorationen im Atelier vorgesehen.[33] Die von der Studioleitung angestrebte Ablieferung des Negativs bis Ende des Jahres wurde knapp verfehlt. Letzte Dreharbeiten für die Schlussszene im Gerichtssaal fanden noch wenige Tage vor der Pressevorführung Ende Januar 1967 in einem ehemaligen Kino in Köpenick statt, das die DEFA als „Gelegenheitsatelier"[34] nutzte.

## Schein und Sein

Die DEFA zielte mit Reischs Komödie ganz dezidiert auf ein jugendliches Publikum, das nach Aussagen von DEFA-Chefdramaturg Günter Schröder zu jener Zeit drei Viertel der Kinobesucher in der DDR ausmachte.[35] Um das Interesse zu überprüfen, ließ das Studio den Film vor der Pressevorführung „von 70 Jugendlichen verschiedener Berufe" testen.[36] Besonderer Wert wurde in diesem Zusammenhang darauf gelegt, dass die musikalische Gestaltung auch für junge Leute ansprechend ausfiel, einzelne Musik-Titel, so der „Puszta-Beat", wurden parallel zum regulären Kinostart auch auf AMIGA-Schallplatte angeboten.[37]

Die offizielle Premiere von EIN LORD AM ALEXANDERPLATZ fand am 3. März 1967, einem Freitag, um 20 Uhr im Berliner Kino „Kosmos" statt. Das Presseecho fiel überwiegend positiv aus. Durchgehend gelobt wurden die Leistungen der

---

**31** Vgl. Besetzungsliste „Heiratsschwindler" [undatiert], Nachlass Günter Reisch, Filmmuseum Potsdam, Sammlungen.
**32** Vgl. bh: Der Lord vom Alex. In: *Berliner Zeitung*, 16.7.1966; Ursula Frölich: Der Herr von gestern. In: *Wochenpost* 38 (14.09.1966), S. 26.
**33** Vgl. Frölich: Der Herr von gestern, S. 26.
**34** Dieter Borkowski: Kavalier mit Charme und Rose. Demnächst auf der Leinwand: „Der Lord vom Alexanderplatz". In: *Neue Zeit* (29.01.1967).
**35** [Anon.]: „Lord" getestet. In: *Norddeutsche Zeitung* (29.01.1967).
**36** [Anon.]: „Lord" getestet.
**37** [Anon.]: „Ein Lord am Alexanderplatz", *Filmwerbung* 29, 1967, S. 3.

Schauspieler, allen voran Erwin Geschonnecks Interpretation des unfreiwilligen Heiratsschwindlers. Geschätzt wurden Regie- und Kameraleistung gerade dort, wo sie unerwartete Akzente zu setzen versucht hatten, etwa in gewagten Schnittfolgen, die gar als Anleihen bei der Kollisionsmontage Eisenstein'scher Prägung wahrgenommen wurden.[38] Die meisten Kritiker fassten den Film in Begriffe der Satire und beurteilten sein Gelingen im Licht der von dieser Gattung erhofften ideologischen Wirkung. Es entging ihnen dabei keineswegs, dass Reisch in entscheidenden Punkten von der verordneten Formel abwich. Im Film und über ihn hinaus, hielt der Rezensent der *Tribüne* anlässlich der Premiere von EIN LORD AM ALEXANDERPLATZ fest, sei Humor nicht zuletzt deshalb ernst zu nehmen, weil es sicher sei, dass es „noch ideologische Rückstände in den menschlichen Beziehungen gibt", ebenso wie die Tatsache auf der Hand liege, „dass sie sich unter sozialistischen Lebensverhältnissen ständig verringern".[39] Denn wo das Sein Sicherheit gebe, werde durch den Humor der Schein der Lächerlichkeit preisgegeben. Der Kritiker der *Neuen Zeit* sah sich „nach vielem Gelächter"– ganz der Intention des Regisseurs entsprechend – auch zum Nachdenken angeregt „über manchen kleinen oder auch größeren satirischen Angriff auf alte und *neue* Kleinbürgereien".[40]

Reisch wurde attestiert, „während der Dreharbeiten einige entscheidende Schritte in das weithin noch unerschlossene Gebiet der humorvollen ‚Bewältigung' der Gegenwart" unternommen zu haben.[41] Zwar handele es sich bei dieser DEFA-Filmkomödie um eine „recht vergnügliche Geschichte", weil sich in ihr „echte komische Situationen aus dem Alltag mit einem leisen Hieb auf überholte Lebensauffassungen mancher Kleinbürger verbinden".[42] Dabei spiele sich das Geschehen jedoch „unmittelbar in unserer Gegenwart ab, so daß es nicht nur Spaß macht, zuzusehen, sondern bestimmt auch manchen Zuschauer überlegen läßt, ob der hingehaltene Spiegel nicht auch ihm gelten könnte".[43]

Vereinzelt wurden die klaren Fronten vermisst und die fehlende satirische Bissigkeit vom ideologischen Standpunkt her kritisiert. Nicht verschweigen wollte Rosemarie Rehahn in ihrer Besprechung den Lesern der *Wochenpost*, dass

---

**38** H.U.: Heiterkeit in Sachen Honig. Das DEFA-Filmlustspiel „Ein Lord am Alexanderplatz". In: *Neue Zeit* (08.03.1967).
**39** Hermann Schirrmeister: Ein Filmspaß mit Geschonneck. „Ein Lord am Alexanderplatz" (DEFA). In: *Tribüne* (07.03.1967).
**40** H.U.: Heiterkeit in Sachen Honig. Hervorhebung hinzugefügt.
**41** Dieter Borkowski: Der Lord vom Alex. In: *Filmspiegel* 26, 1966, S. 4–7, hier S. 7.
**42** Manfred Beckmann: Heiratsschwindler Honig. „Ein Lord am Alexanderplatz" – ein humorvoller DEFA-Film, der Vergnügen bereitet. In: *Junge Welt* (12.03.1967).
**43** Beckmann: Heiratsschwindler Honig.

die Ausgangssituation auf mehr als einen herzhaften Schwank hoffen ließ. Westdeutscher Kleinbürger, umständehalber, doch guter Vorsätze voll, in die DDR übergesiedelt, versucht, sich in der neuen Umgebung zu arrangieren – da steckt eine Zeitkomödie drin, da muß es doch, dachte ich, zu den überraschendsten und vergnüglichsten Kollisionen mit einer Welt kommen, die sich in rund zwanzig Jahren jenseits aller Lebenserfahrungen eines Ewald Honig entwickelt hat.[44]

Als vermeintlicher Schwachpunkt des Films wurde ausgemacht, dass die drei Handlungsstränge – „Honigs amüsante Hochstapeleien, die beachtlich konsequenten Abenteuer der hübschen Ina und die deutsch-ungarischen Kriminalistenbeziehungen"[45] – nicht genügend (so die einen) bzw. allzu sehr (so die anderen) miteinander verwoben seien: Sodass entweder die „drei Handlungsstränge ein wenig zu sehr nebeneinander her"[46] liefen oder sich die „drei Fäden manchmal allzu sehr" verwickelten und zu einem „unübersichtlichen Garnknäuel" anwüchsen, anstelle „ein dramaturgisch ordentliches Gewebe" zu ergeben.[47] Eine weitere Schwäche bestand aus Sicht vieler Kritiker in der Länge des Films und einem als rapide empfundenen Spannungsabfall gegen Ende. Die Länge von zwei Stunden sei am Film „der dunkle Punkt", fand nicht nur Hans Joachim Göring vom *Bauernecho*, zumindest in der dritten, eigentlich kriminalistischen Handlungslinie hätte es „Möglichkeiten für Kürzungen gegeben".[48] „Im letzten Drittel" verliere der Film zudem „spürbar an Tempo, die Verzahnung der Honig-Handlung mit der kriminalistischen Suche nach dem Heiratsschwindler gelingt nicht, und auch ein paar Schnitte wären noch zu empfehlen".[49] Einem Journalisten sei es „bei der gegenseitigen Überführungs- und Liebesgeschichte zwischen der ungarischen Kriminalistin [...] und Dr. Engelhardt [...] geradezu langweilig" geworden.[50]

Der Rezensentin von der westdeutschen *Frankfurter Rundschau* stach dahingegen vor allem der „modische Appeal" ins Auge, mit dem der Film sich ausstattet:

---

44 Rosemarie Rehahn: Er sah aus wie ein Lord... DEFA-Schmunzelfilm von Günter Reisch und Kurt Belicke. In: *Wochenpost* (17.03.1967).
45 Friedrich Salow: Er sah aus wie ein Lord... In: *Filmspiegel* 7 (05.04.1967).
46 Schirrmeister: Ein Filmspaß mit Geschonneck.
47 Hans Lücke: Dem Honig auf den Leim gegangen. Heiterer DEFA-Film „Ein Lord am Alexanderplatz". In: *BZ am Abend* (07.03.1967); H.U.: Heiterkeit in Sachen Honig. Das DEFA-Filmlustspiel „Ein Lord am Alexanderplatz". In: *Neue Zeit* (08.03.1967).
48 Hans Joachim Göring: Gelungener DEFA-Spaß. Großartiger Erwin Geschonneck als „Lord am Alexanderplatz". In: *Bauernecho. Organ der demokratischen Bauernpartei Deutschlands* (09.03.1967).
49 Christoph Funke: Mit Homburg und dem Stern. Unernstes zum Lustspiel „Ein Lord am Alexanderplatz". In: *Der Morgen* (Ausgabe B) (05.03.1967).
50 Beckmann: Heiratsschwindler Honig.

„DDR-Wohlstand wird demonstriert, mit Vorliebe sind Neubauten ins Bild gerückt, man twistet, fährt Wasserski, und eine attraktive Kosmetikerin (Angelica Domröse) interessiert sich zwecks Plattenseereise für nicht ganz unvermögende Herren."[51]

## Großstadtfilm und Querschnittslogik

Wie die Zusammenschau erweist, wurde EIN LORD AM ALEXANDERPLATZ von der zeitgenössischen Filmkritik vornehmlich an den dramaturgischen Maßstäben der stringent gebauten Filmkomödie sowie am ideologischen Auftrag der Satire gemessen. Wo der Film von diesen Maßstäben abweicht – mit seiner sympathisierenden Zeichnung der ‚negativen' Helden, der exorbitanten Gesamtlaufzeit und dem sich crescendo-artig steigernden Grad der ‚burlesken' Handlungsverwirrung –, wurde dies kritisch vermerkt. Keine der Pressestimmen brachte die genannten Eigenschaften in Verbindung damit, dass EIN LORD AM ALEXANDERPLATZ ganz dezidiert noch einen anderen Genre-Subtext bedient, wir es bei ihm nicht zuletzt mit einem Berlin- bzw. Großstadt-Film zu tun haben.[52] In der Berichterstattung über die Dreharbeiten, die nicht umsonst überwiegend an Originalschauplätzen rund um den Alexanderplatz stattfanden, war dieser zentrale Aspekt des Films noch hervorgehoben worden: „Berlin spielt mit, die Stadt, in der das Neue rascher, augenscheinlicher wächst als die Erkenntnisse des Herrn Honig."[53] Nicht nur die Verpflichtung des Kameramanns Jürgen Brauer, der als ein „Kenner und Könner des Beobachtungsfilms"[54] galt und seine Methode auch bei EIN LORD AM ALEXANDERPLATZ anwenden sollte, ebenso der Hinweis, „das Filmteam" werde „noch manchen Kummer mit dem – sagen wir – wißbegierigen Berlinern haben, die sich vor der Kamera in Positur werfen",[55] sind Anhaltspunkte dafür, dass Reisch mit seinem Film der Anschluss an eine bis in die 1920er Jahre zurückreichende Tradition vorschwebte. Schon zum Zeitpunkt der Entstehung

---

51 Wilfriede Werner: Zwischen Peenemünde und Alexanderplatz. Neue Filme aus Babelsberg. In: *Frankfurter Rundschau* (25.05.1967).
52 Lediglich in der bereits zitierten unveröffentlichten Analyse des Films wird dieser Bezug hergestellt, wenn es heißt: „Das bewegte Milieu, der Verkehr, die modernen Bauten und vor allem der in einprägsamer Weise verdeutlichte Wiederaufbau kontrastieren mit den Ansichten besonders des Haupthelden, aber auch mit denen einiger anderer Personen, wie z.B. der Witwe." Demmler: Versuch einer Filmanalyse, S. 5.
53 Frölich: Der Herr von gestern, S. 26.
54 Frölich: Der Herr von gestern, S. 26.
55 Frölich: Der Herr von gestern, S. 26.

von EIN LORD AM ALEXANDERPLATZ ging es ihm anscheinend um „die immer wieder neue Entdeckung der ‚Straße', des Marktplatzes, der Stätten ungezwungener, uralter und lebenspraller Kommunikation" in der Fortsetzung der Berlin-Filme von Gerhard Klein und Wolfgang Kohlhaase.[56]

Im Sinne von Kracauers These, die „Affinität des Films zum Zufälligen" zeige sich am deutlichsten in seiner Hinneigung zur „Straße", vor allem der „Großstadtstraße" als jenem „Ort, an dem das Zufällige übers Planmäßige siegt und unerwartete Zwischenfälle fast die Regel sind"[57], lässt sich Reischs Komödie damit auch als Versuch betrachten, einen urbanen Raum zu inszenieren, in dem sich zwei Varianten der Modernisierung miteinander ins Spiel bringen lassen: die DDR-Moderne eines genuin sozialistisch geprägten städtischen Lebensraums, lesbar in der Chiffre von der Umgestaltung des Alexanderplatzes zur idealen Kundgebungsstätte im Herzen der Hauptstadt nach dem Vorbild des Roten Platzes in Moskau;[58] und die Konsummoderne bürgerlichen Besitzdenkens und kapitalistischer Warenzirkulation, die unter dem nur allzu symbolischen Banner des Mercedes-Sterns Einzug hält.

Die Titelsequenz von EIN LORD AM ALEXANDERPLATZ montiert diese Versuchs- bzw. Versuchungsanordnung zu einer chaotischen Kollision der Kulturen: Sie beginnt mit Bildern vom Verkehrstrubel an der Ecke Friedrichstraße und Unter den Linden, untersetzt mit ironischer Musik und einem Off-Kommentar, der, unter Verweis auf das britische Oberhaus, auf die trügerische politische Macht der Zurschaustellung von Dingen und Verhaltensweisen anspielt. Der „Lord", der im Mercedes auf die Straße Unter den Linden einbiegt, schlägt, wenn auch unfreiwillig, in der Hauptstadt der DDR ein wie eine Bombe. Dies wird zumindest von der auf die ersten Einstellungen folgenden Parallelmontage suggeriert, die zwischen dem am Steuer einen Schlager singenden Honig und Aufnahmen von einstürzenden Häusern hin- und her wechselt, wobei der alternierend von hinten und vorn gezeigte Neuankömmling beim vermeintlichen Anblick der jeweils am Straßenrand kollabierenden Gebäude sichtlich irritiert zusammenzuckt (Abb. 2.1).

Die Exposition endet damit, dass Honig, einigermaßen verwirrt vom ganzen Drumherum der Gebäudesprengungen und des großstädtischen Verkehrschaos, an eine kreuzende Straßenbahn allzu nah heranfährt und sich mit der Frage einer

---

56 Auf dem Wege dieses Genres wachsen bei uns nicht die schönsten Bäume. In: *Sonntag* (23.04. 1978); zit. nach Reisch: *Anspruch, Realisierung und Zuschauer*, S. 86.
57 Kracauer: *Theorie des Films*, S. 116.
58 Vgl. Bernhard Kohlenbach: Von der Hauptstadt des Deutschen Kaiserreiches zur Hauptstadt der DDR. In: Landesdenkmalamt Berlin (Hg.): *Denkmale in Berlin. Bezirk Mitte, Ortsteil Mitte*. Petersberg 2003, S. 82–181, hier S. 174–176.

**Abb. 2.1:** Exposition von EIN LORD AM ALEXANDERPLATZ.

Volkspolizistin konfrontiert sieht, was denn wohl bei ihm nicht in Ordnung sei, seine Bremsen oder seine Augen.

Konsequent sucht das urbane Setting des Films die klassischen Topoi des Großstadtfilms noch einmal auf, von der Werkstatt zum Kosmetiksalon und in die Zahnarztpraxis, von der Bank zur Polizeiwache, vom Mietshaus übers Treppenhaus in den Hinterhof und immer wieder zurück auf die Straße. Von vereinzelten – seit MENSCHEN AM SONNTAG (D 1930, Robert Siodmak, Edgar G. Ulmer und Billy Wilder) und KUHLE WAMPE (D 1932, Slatan Dudow und Bertolt Brecht) obligatorischen – Ausflügen ins Umland abgesehen, bleibt Berlin als aktive Handlungsumgebung stets präsent und wird für Reisch, dem nach eigenem Bekunden auch in seinen Filmkomödien die Atmosphäre im Detail bei der Wahl seiner Sujets wichtiger war als die Setzung dramatischer Höhepunkte,[59] zum Katalysator für eine Verkettung von „Situationen", die auch in EIN LORD AM ALEXANDERPLATZ das „primäre Modul" seiner Filmkomik darstellen.[60] Was Reisch aus der Praxis heraus beschreibt, lässt sich als ästhetische Arbeit an der Herstellung von Momenten atmosphärischer Dichte verstehen. Wie von kulturtheoretischer Seite hinzugefügt werden kann, korrespondiert dieser Arbeit an atmosphärischen Räumen und hintergründigen Details eine Form der Wahrnehmung, die weniger von der Verarbeitung narrativer Zusammenhänge geleitet als durch „die Erfahrung der Präsenz von Menschen, Gegenständen und Umgebungen" bestimmt ist.[61] Soziologisch lassen sich Atmosphären als „die in der Wahrnehmung realisierte Außenwirkung sozialer Güter und Menschen in ihrer räumlichen (An)Ordnung" fassen; sie „entstehen durch die Wahrnehmung von Wechselwirkungen zwischen Menschen oder/und aus der Außenwirkung sozialer Güter im Arrangement".[62]

An exponierten Stellen wird die großstädtische Rahmung als konkretes Milieu in den Vordergrund zurückgeholt und damit als ultimativer Bedeutungshorizont des Geschehens bewusst gemacht. Etwa wenn unmittelbar vor den Versöhnungs- und Hochzeitsszenen Baukräne ausgiebig von der Kamera abgeschwenkt werden (Abb. 2.2) und der Off-Erzähler auktorial mit den Worten in den Handlungsfortgang eingreift: „Es wird Zeit, dass wir diese verwickelte Geschichte entwirren. Das ist übrigens Berlin von oben, hinter diesen Fenstern geht es zu wie überall ..."[63]

---

59 Reisch: Erinnerungen im 30. Jahr der DDR (Teil I), S. 22, 32.
60 Reisch: Erinnerungen im 30. Jahr der DDR (Teil II), S. 109.
61 Gernot Böhme: *Atmosphäre. Essays zur neuen Ästhetik*. Frankfurt am Main 1995, S. 25.
62 Martina Löw: *Raumsoziologie* [2001]. Frankfurt am Main 2007, S. 205.
63 EIN LORD AM ALEXANDERPLATZ ist durchsetzt mit optisch, akustisch und verbal ‚eingreifenden' Verweisen auf das urbane Milieu, in dem sich die Handlung abspielt. Diese Eingriffe fun-

**Abb. 2.2:** Berlin von oben.

Im Grunde gibt der Film hier selbst die Antwort auf den Vorwurf der fehlenden dramaturgischen Stringenz, den die Presse später gegen das Jonglieren mit parallelen Handlungssträngen und den vielen dazugehörigen Protagonisten erheben wird. Legt der Kommentar doch nahe, dass es sich bei den drei so verwirrend verflochtenen Parallelhandlungen um die mehrgliederige Basis zum Aufbau eines Großstadtpanoramas handelt, das einer Logik des sozialen Querschnitts folgt, wie sie das dem Großstadtfilm immer schon nah verwandte Konzept des ‚Querschnittfilms' kennzeichnet. Seit der Epoche der Neuen Sachlichkeit folgen Querschnittfilme scheinbar zufällig der Zirkulation von Gegenständen im Kreislauf der mechanischen Abläufe einer technisierten Massengesellschaft, um am Ende über Verhaltensanalogien und -differenzen ‚objektiven' Einblick in die menschliche Natur und die Gesamtheit einer sozialen Struktur zu verschaffen.[64] Aus dieser Perspektive erschließen sich die zuweilen vagabundierende Handlungsführung ebenso wie das üppig sprießende Figurentableau von EIN LORD AM ALEXANDERPLATZ als kalkulierte Rückgriffe auf ein Muster, über das sich die Vorstellung von einem sozialen Gefüge vermitteln lässt, das die DDR-Gesellschaft in ihrer noch stets vorhandenen Vertikale vermessen will und horizontal weder an der Grenze zu Westdeutschland noch zu anderen Ostblockstaaten (Ungarn) halt macht.

---

gieren zugleich als Mittel der Verfremdung und aktivieren darin ein filmisches Potenzial, das Kracauer mit den Worten beschrieben hat, Filme würden „unsere Umwelt [entfremden], indem sie sie exponieren". Kracauer: *Theorie des Films*, S. 105.

64 Vgl. Hermann Kappelhoff: Neue Sachlichkeit. In: Thomas Koebner (Hg.): *Reclams Sachlexikon des Films*. Stuttgart ²2007, S. 470 f.

## Menschen und Dinge

Durch das Prisma des Querschnittfilms betrachtet, lässt sich aber nicht nur die Anwesenheit präzise gezeichneter Nebenfiguren wie „Koffer-Ede" (Willi Narloch), dem eifersüchtigen Kfz-Mechaniker (Heinz Scholz) oder dem mürrischen Tankwart (Hans Hardt-Hartloff) bis hinauf zum ehebrecherischen Zahnarzt Dr. Härtel (Willi Schwabe) oder dem blasierten Bühnenstar Günti Schwalbe (Ivan Malré) begründen. Es liefert außerdem einen Ansatzpunkt, um einer weiteren Antriebskraft auf die Spur zu kommen, die in EIN LORD AM ALEXANDERPLATZ jenseits herkömmlicher Regeldramaturgien die Ökonomie der Erzählung in Gang hält: das Spiel mit Requisiten, in dem die kleinen und großen Dinge des Lebens sich solange umschmeicheln lassen, bis sie ihre „unbegrenzten Aspekte" preisgeben.[65]

Vielsagend ist in diesem Zusammenhang, was Erwin Geschonneck in seinen Erinnerungen über die Prämissen seiner Darstellung der Titelfigur schreibt. Abgesehen davon, dass er in dieser Rolle „Eleganz spielen" konnte, „die immer so ein bißchen schon ‚angegangen' ist, etwas schäbig und angekratzt", habe es ihm bei der Arbeit an der Figur besonderen Spaß gemacht, „zusammen mit Günter Reisch das Spielen mit Requisiten zu fabulieren":

> Diese Requisiten – steifer Hut, Stock, eine einzelne Rose – sind für Herrn Honig sehr wichtig. Er ist fast nie ohne sie zu sehen. Und wie er mit ihnen spielt, sich in Szene setzt, seinen Charme unterstützt, machte auch einen Großteil seiner Wirkung auf Frauen aus. Noch ein, allerdings sehr großes, Requisit muß ich nennen: ein Auto. [...] Ganz von fern könnte man sich hier daran erinnern, wie Chaplin als Tramp immer mit seinem Stöckchen, seiner Melone und seinen viel zu großen Schuhen spielte.[66]

Man muss den Blickwinkel auf eine später gemachte Äußerung Reischs nur etwas ankippen und die ‚Dinge', von denen hier die Rede ist, ganz wörtlich verstehen, um das dazugehörige poetologische Selbstzeugnis des Regisseurs in angemessener Beleuchtung betrachten zu können: „Die Komödie gibt die spielerische Variante zum Verhalten der Menschen in der Realität", heißt es dort, und weiter:

> ich will mit den Dingen und den Möglichkeiten, die in ihnen stecken, jonglieren, sie in Frage stellen, sie aus einer neuen Sicht entdecken können. [...] mein Arbeitsprinzip, sich nach drei

---

65 Vgl. Kracauer: *Theorie des Films*, S. 122. Der Wortlaut im Original ist: „Drittens können Filme ein einzelnes Objekt sozusagen lang genug umschmeicheln, um seine unbegrenzten Aspekte zu suggerieren. Da sich auf dieser Route weniger Gelegenheit zu dramatischer Handlung bietet als auf denen räumlicher und kausaler Endlosigkeit, ist sie bisher noch kaum benutzt worden."
66 Erwin Geschonneck: *Meine unruhigen Jahre*. Hg. v. Günter Agde. Berlin 1984, S. 233–234.

Jahren wieder den heiteren Genres zuzuwenden [...], führt schließlich dazu, daß Dinge sich anreichern, die man mit einem Mal loswerden will.[67]

In EIN LORD AM ALEXANDERPLATZ reichert sich die Anwesenheit beweglicher Dinge von Situation zu Situation ganz buchstäblich an, sie werden hervorgeholt und versteckt, deponiert und vergessen, gekauft, verschenkt und entwendet. Als Strukturmotiv durchziehen sie die Handlung, indem sie die einzelnen Situationen miteinander verketten, Interesse und Begehren auf sich ziehen und die Figuren erst eigentlich zueinander ins Verhältnis setzen.[68] Sie geben prägnanten Aufschluss über verborgene Charaktereigenschaften ihrer Besitzer, wenn etwa in der Werkstatt bei der Durchsicht des Mercedes die Insignien des ehemaligen Diplomatenwagens auf Knopfdruck aus der Stoßstange hervorschnellen. Und sie führen vor Augen, wie schnell sich der äußere Anschein durch Umetikettierung der ‚Kennzeichen' verändern lässt. Sie stehen auf diese Weise für ihre Besitzer ein, vor allem Honigs Auto wird konsequent zum dinglichen Alter Ego seines Eigentümers entwickelt. Eine Spiegelkonstruktion von Mensch und Maschine, die sich erst auflöst, als ein sonst nicht weiter in Erscheinung tretender Passant (Winfried Glatzeder) gegen Ende des Films ein weiteres ‚Ding', den als Bremskeil fungierenden Ziegelstein, wegen Eigenbedarfs zum selben Zweck auf einer abschüssigen Straße vom Hinterrad des Mercedes entfernt. Der Mercedes zerschellt in einer Baugrube und wird anschließend stellvertretend für Honigs Junggesellendasein feierlich beigesetzt (Abb. 2.3).

Unentwegt hantieren die Figuren mit Gegenständen, um ihre Absichten und Gefühle zu kommunizieren: Die Gattin des Mechanikers demonstriert ihre Zuneigung zu Honig zunächst einmal damit, dass sie ihm das Hemd wäscht. Im Kosmetiksalon fischt Honig aus seinem Handkoffer voller scheinbar unnützer Dinge im rechten Moment eine Dose Nescafé-Pulver, um die zum Verkauf anstehende Hautcreme noch anziehender zu gestalten, da sie schließlich nicht nur auf, sondern auch unter die Haut der Kundinnen gehen müsse, wie er der staunen-

---

[67] Reisch: Erinnerungen im 30. Jahr der DDR (Teil II), S. 102. Interessant mit Blick auf den spielerischen Anteil ist die an gleicher Stelle von Reisch getroffene Unterscheidung zwischen Komödien, die dramatische Geschlossenheit betonen und denen er lediglich zwei seiner komischen Filme zurechnet (ACH DU FRÖHLICHE... und ANTON DER ZAUBERER), und Lustspielen wie EIN LORD AM ALEXANDERPLATZ, die, wie der Name schon sagt, die Lust am humorvollen Spiel mit dem Sujet in den Vordergrund stellen: „Der Lustspielfilm erlaubt allen Beteiligten, auch dem Zuschauer, das Leben spielerisch und vorwiegend heiter zu betrachten. Die Komödie läßt durch den Spaß so manchen Widerspruch im Ernst des Lebens erkennen und veranlaßt, darüber lachend nachzudenken" (Reisch: Erinnerungen im 30. Jahr der DDR [Teil II], S. 104).
[68] Vgl. Michael Niehaus: *Das Buch der wandernden Dinge. Vom Ring des Polykrates bis zum entwendeten Brief*. München 2009, S. 31.

**Abb. 2.3:** Der Mercedes in der Baugrube.

den Inhaberin des Salons erklärt. Ina, die, wo sie auch geht und steht, unablässig mit den verschiedensten alltäglichen und weniger alltäglichen Gegenständen beschäftigt ist, bringt deren Bedeutung mit der rhetorischen Frage auf den Punkt, was denn ein noch so großes Ruder gegen ein kleines Gaspedal sei. Ein bezeichnendes Kabinettstück führen Vater und Tochter mit der aus dem Westen mitgebrachten Illustrierten *Stella* auf, die über seine Verurteilung berichtet hatte. Honig will sie schleunigst im Ofen verbrennen, Ina kommt dazwischen, woraufhin die Zeitschrift über mehrere Stationen eine abenteuerliche Reise durch die gesamte Wohnung unternimmt, zu Boden fällt, wieder aufgehoben und hinter dem Rücken versteckt wird, bis sie vorerst in der Küche in einer Kiste landet. Dann jedoch will Honig just am Beispiel dieser Kiste seine ungebrochene Vitalität unter Beweis stellen, indem er sie über seinen Kopf stemmt, wodurch die verfängliche Illustrierte wieder heraus und Ina doch noch in die Hände fällt, die den inkriminierenden Artikel heimlich liest, bevor sie die Zeitschrift schließlich eigenhändig verfeuert.

Die Reihe der Beispiele für die narrative Omnipräsenz beweglicher Gegenstände in EIN LORD AM ALEXANDERPLATZ ließe sich beliebig fortsetzen. Von größerer Bedeutung ist, dass über die durch die Hände ihrer Träger und Besitzer quer durch die Stadt wandernden Dinge auch die Brücken geschlagen werden zwischen den verschiedenen Handlungssträngen des Films. Am deutlichsten dort, wo die verschenkten Rosen, Amulette und Haarlocken in der kriminalistischen Untersuchung als Spuren und Indizien gesammelt und konserviert werden, nur um vom Ermittlerpaar Johanna Farkas und Dr. Engelhardt als Fallstricke, in denen sie sich selber verfangen, erneut zum Einsatz zu kommen. Ihren Irrtum erkennen die beiden Ermittler denn auch nur mit Hilfe von Tonbandgerät und Telefon, Küchenmesser und Zigarettenautomat, ohne deren vielfältige Interventionen sie wohl niemals zusammengefunden hätten.

Parallel zu fassbaren Objekten kursieren im Film Redewendungen und Spruchweisheiten, die als immaterielle Pendants analog zu materiellen Alltagsgegenständen fungieren.[69] Allen voran die von Honig freigiebig unter seine Mitmenschen verteilte Sentenz, ein Mann solle in seinem Leben einen Baum pflanzen, ein Haus bauen und ein Buch schreiben. In der Liebesszene zwischen Johanna und Dr. Engelhardt erfährt diese Losung ihre finale Umdeutung: Keinen Baum, einen ganzen Wald muss man pflanzen, nicht ein Haus bauen, sondern eine ganze Stadt, und wenn schon ein Buch schreiben, dann jedenfalls nicht über die Psychologie der Frauen. Bündiger lässt sich der Umschlag von bürgerlich-chauvinistischen Einzelinteressen an Mitmenschen und Gegenständen nicht in ein Glaubensbekenntnis zur Arbeit am Sozialwohl und Gemeinschaftsgefüge übersetzen. Diesem Credo verdankt sich am Ende auch Honigs moralischer Freispruch, der mit dem Hinweis erfolgt, durch seine – weitgehend im Off des Geschehens erledigten – Versicherungsgeschäfte habe er Kommunalobligationen für das öffentliche Bauwesen zeichnen können, die ihn mit 4% Zinsen am Bau des Fernsehturms beteiligen.

Es erscheint nur folgerichtig, dass die fast vollzählig vor Gericht versammelten Figuren in der virtuosen Schlussszene des Films, die ihm zugleich als Abspann dient, erstmals von dinglichen Gegenständen weitgehend befreit sind. Als Gleiche unter Gleichen sprechen sie nacheinander ihre Aussage direkt in die Kamera, die damit als letztes, ultimatives ‚Objekt' am Horizont des Films spürbar wird. Die Einblendung der jeweiligen Darstellernamen hebt die Scharnierfunktion der gewählten filmischen Auflösung noch zusätzlich hervor (Abb. 2.4).

Zuvor kam genau diese Funktion der Off-Stimme des immer schon heterodiegetischen Erzählers zu. Er meldet sich ganz am Schluss noch einmal mit der Bemerkung zu Wort, die Schöpfer des soeben zu Ende gehenden Films „beeilten sich zu versichern", dass „Ewald Honig vor Rückfällen sicher aus diesem Verfahren entlassen wird". Wer aber ausgerechnet über einen Versicherungsvertreter etwas „versichern" zu müssen glaubt, entpuppt sich selbst als Agent von Versicherungen, die ja nichts anderes sind als Wetten auf letztlich noch unabsehbare Wendungen und Ereignisse. Hinter diesem letzten Witz gibt sich auch ein gutes Stück Bescheidenheit im Wirkungskalkül der Filmemacher zu erkennen: Die Quintessenz ihrer Komödie kann am Ende nicht mehr ergeben als die Versicherung einer gelingenden Zukunft. Ob man sich dem romantischen Reiz der Dinge, welche die Großstadt unermüdlich in Gang hält, dauerhaft wird entziehen können, muss sich in der Realität erst erweisen.

---

**69** Vgl. Niehaus: *Das Buch der wandernden Dinge*, S. 37–39.

**Abb. 2.4:** Der Abspann als Aussage.

## 3 Kreuzungen: POLIZEIFILM

> Als ich als 12jähriger meinen allerersten Film mit einer Achtmillimeter-Kamera drehte, habe ich mich ans Fenster des Hauses gestellt und von oben die Straße, die Autos und die Passanten gefilmt. Mein Vater sah mich und fragte: „Was machst du denn da mit deiner Kamera?" Und ich sagte: „Ich filme die Straße, das siehst du doch." „Und wozu?" fragte er mich. Ich wußte keine Antwort.[1] (Wim Wenders, 1987)

> Es ist mehr das Zuschauen, was mich fasziniert hat am Filmemachen, als das Verändern oder Bewegen oder Inszenieren.[2] (Wim Wenders, 1971)

> Auf der Straße, der Bühne des Augenblicks, bin ich Schauspiel und Zuschauer zugleich, zuweilen auch Akteur. Hier ist Bewegung; die Straße ist der Schmelztiegel, der das Stadtleben erst schafft und ohne den nichts wäre als Trennung, gewollte und erstarrte Isolierung. [...] Revolutionen gehen normalerweise auf der Straße vor sich. Zeigt das nicht, daß ihre Unordnung eine neue Ordnung hervorbringt?[3] (Henri Lefebvre, 1970)

München im Sommer 1968. Wim Wenders dreht einen Film, wie er keinen zweiten mehr machen wird. Sein Titel, POLIZEIFILM, setzt ihm die Maske eines Schulungsfilms auf und verkleidet ihn damit in ein Genre, aus dem er im weiteren Verlauf mehrmals dokumentarisches Material zitiert. Sein Thema ist die neue Einsatztaktik der sogenannten „Münchner Linie", mit der die Polizei auf die Eskalation einer ursprünglich friedlichen Demonstration, die 1962 zu den „Schwabinger Krawallen" führte, reagiert hat.[4] Im Unterschied zu anderen Filmen desselben Regisseurs scheint es hier ausnahmsweise einmal um Politik statt Poesie, Agitation statt Atmosphäre, Aktion statt Kontemplation zu gehen.

### Beobachtung der Beobachter

Der mit dem ersten Bild des 11-minütigen Schwarzweiß-Films einsetzende Kommentar, von Wenders gemeinsam mit dem Wirtschafts- und Sozialwissenschaftler Albrecht Goeschel verfasst, setzt die Genremaskerade des Titels fort, verleiht ihr jedoch sogleich erste Risse: Der Flüsterton, in dem die Kommentarstimme spricht,

---

[1] Warum filmen Sie? Antwort auf eine Umfrage. In: Wim Wenders: *Die Logik der Bilder. Essays und Gespräche*. Frankfurt am Main 2017, S. 9.
[2] Zeitabläufe, Kontinuität der Bewegung. Aus einem Gespräch über SUMMER IN THE CITY und DIE ANGST DES TORMANNS BEIM ELFMETER. In: Wenders: *Die Logik der Bilder*, S. 11.
[3] Henri Lefebvre: *Die Revolution der Städte* [1970]. Frankfurt am Main 1976, S. 25.
[4] Zu den „Schwabinger Krawallen" vgl. Gerhard Fürmetz (Hg.): *Schwabinger Krawalle. Protest, Polizei und Öffentlichkeit zu Beginn der 60er Jahre*. Essen 2006.

OpenAccess. © 2020 Michael Wedel, publiziert von De Gruyter. Dieses Werk ist lizenziert unter der Creative Commons Attribution-NonCommercial-NoDerivatives 4.0 License.
https://doi.org/10.1515/9783110616743-004

untergräbt das durch ihr Vorhandensein formal eingehaltene Gattungsgesetz.[5] Er durchkreuzt die Erwartung an eine autoritäre Erkläreransprache, wie sie das Genre des Schulungsfilms verlangt, und die dem Inhalt der ersten aus dem Off gesprochenen Sätze auch angemessen wäre:

> Seit dem Besuch des Schahs von Persien im Sommer 1967 verspürt die Polizei der Bundesrepublik Unbehagen. Sie fürchtet die Gefahr der Isolierung durch eine gegen sie gerichtete Frontenbildung. Gegen dieses Gefühl der Isolierung beschwört sie das Bild eines Vertrauensverhältnisses zwischen Polizei und Bevölkerung und die wärmende Vorstellung einer Partnerschaft zwischen Polizei und Bürger.

Der Kommentar legt sich über das erste Bild des Films. Aus erhöhter Position nimmt die Kamera eine Straßenkreuzung in den Blick, auf die zwei dunkel gekleidete Personen gemächlich zuschreiten. Als sie die Kreuzung erreichen, zoomt die Kamera langsam auf die Straßenecke, an der die beiden, mittlerweile als uniformierte Polizisten identifizierbar, ihren Posten beziehen (Abb. 3.1).

Gleich auf doppelte Weise wird damit das suggerierte Genremuster perforiert, brüchig gemacht und filmisch gegen sich selbst gewendet: Der Beginn von POLIZEIFILM inszeniert sich, so scheint es zumindest, als audiovisueller Kassiber, als eine Beobachtung der Beobachter, die, scheinbar ängstlich darauf bedacht, unentdeckt zu bleiben, ihren Gegenstand aus gesicherter Entfernung anvisiert und dem Publikum im Duktus der offiziellen Amtssprache chiffrierte Botschaften zuflüstert.

Schon im nächsten Moment wird die Distanz jedoch aufgegeben. Die Kamera tritt den beiden Polizisten wie in einer Interviewsituation frontal gegenüber. Den Bildhintergrund füllt das Geflecht eines Maschendrahtzauns, hält ein Gefühl der Klaustrophobie präsent. Er ist auch als Metapher für das Gewebe einer Stadt lesbar, als abstraktes Sinnbild jenes „Neben- und Übereinander von *Netzen*", mit dem sich die Stadt „auf ihren Mauern, in ihren Straßen nieder[schreibt]". Wie Henri Lefebvre Ende der 1960er Jahre notiert, lässt sich das „Städtische" nicht zuletzt als „Sammlung und Zusammenschluß dieser Netze definieren".[6]

Während einer der Beamten die Prämissen einer neuen Strategie polizeilichen Handelns erläutert („Die Polizei kommt aus dem Volk, ist ein Teil des Volkes, und sie steht auch mit ihrem Auftrag mitten im Volk"), erkennen wir, dass ihre Gesichter in Strumpfmasken gehüllt sind, die ihre Identität verschleiern. Wenders

---

5 Zum Polizei-Schulungsfilm vgl. Carsten Dams und Frank Kessler: Bürgernahe Polizei. DIENST AM VOLK (D 1930). In: *Filmblatt* 30 (2006), S. 5–17. Zur Geschichte und Ästhetik des Lehr- und Ausbildungsfilms allgemein vgl. Kelly Ritter: *Reframing the Subject. Postwar Instructional Film and Class-Conscious Literacies.* Pittsburgh 2015.
6 Lefebvre: *Die Revolution der Städte*, S. 131.

Beobachtung der Beobachter —— 57

**Abb. 3.1:** Blick auf die Straßenkreuzung in POLIZEIFILM.

soll bei der Konzeption der beiden Figuren das Komikerpaar Stan und Ollie im Sinn gehabt haben.[7] Ihre Erscheinung rückt sie aber auch in die Nähe des Meisterverbrechers Fantômas aus der gleichnamigen französischen Krimikomödienserie der Jahre 1964 bis 1967.

Mit der nächsten Einstellung springt die Kamera noch näher an die Sprechenden heran, die nun in ihren Strumpfmasken und den mit vergoldeten Landesinsignien geschmückten Polizeihelmen endgültig als skurrile Talking Heads erscheinen (Abb. 3.2).

Das gute Verhältnis zwischen Polizei und Bürger, das von einem der beiden als „gerade aus menschlicher Sicht so bedeutend" beschrieben wird, ist dadurch nachhaltig gestört, dass die Polizisten hier eben nicht als „Menschen wie du und ich" erscheinen und sich so einfach auf einen anthropologischen Nenner bringen lassen, der als der größte gemeinsame auch der bundesdeutschen Gesellschaft des Jahres 1968 von ihnen rhetorisch ins Feld geführt wird.

---

7 Vgl. Norbert Grob: *Wenders*. Berlin 1991, S. 169.

**Abb. 3.2:** Skurrile Talking Heads.

Abermals wechselt die Kamera die Position, verschiebt die Perspektive leicht nach rechts und eröffnet den Blick auf die Diagonale der entlang des Maschendrahtzauns führenden Straße im Rücken der Polizisten. Ein Springzoom zwischen beiden Beamten hindurch bringt einen jungen, anscheinend Parolen skandierenden Mann ins nun wieder stumme, nur vom Flüsterkommentar begleitete Bild. Eine Hand zur Faust geballt, in der anderen ein durch Schwärzung unleserlich gemachtes Plakat, hält er im Laufschritt auf die Polizisten zu, die sich langsam von der Kamera weg und ihm zuwenden (Abb. 3.3).

Sein Auftritt versetzt nicht nur die bis dahin klar gegliederte Bildkomposition in Aufruhr. Er löst eine Montage aus, die das Niederknüppeln des jungen Mannes durch die beiden Polizisten mit Fotos und Dokumentaraufnahmen von Studentenunruhen, Straßenblockaden und (einem unversehrten VW-Käfer gegenübergestellten) brennenden Autos sowie Bildern aus Donald Duck und anderen amerikanischen Comics verschaltet. Der Kommentar führt dazu aus, dass es die Provokationen der demonstrierenden Studenten, Schüler und Jugendlichen seien, durch die sich die Polizei in die Rolle eines „Prellbocks zwischen Jugend und Establishment und eines Prügelknaben der Politik" gedrängt sehe. Komme es den Demonstrierenden doch darauf an, die Polizei zum „scharfen Einsatz" zu pro-

**Abb. 3.3:** Ein Demonstrant.

vozieren, um am „zuschlagenden Polizeibeamten" die Fragwürdigkeit des Establishments exemplifizieren zu können. Zur Verdeutlichung dieser These zeigen zwei Einstellungen den jungen Mann eine an einer Kette angebrachte Eisenkugel in Richtung Kamera schwingen (Abb. 3.4).

Als er von den Polizisten zu Boden geworfen und geschlagen wird, ist er jedoch unbewaffnet. Am Ende der Sequenz zupfen die beiden Polizisten ihre Uniformen zurecht und nehmen wieder an der Straßenecke Aufstellung. „Der städtische Raum ist konkreter Widerspruch", schreibt Lefebvre.[8] Straßenkreuzungen sind in diesem Zusammenhang zunächst indifferente, neutrale Orte im heterotopischen urbanen Gewebe. Indem sie jedoch situativ im Ereignis der Kollision widersprüchlicher sozialer Kräfte politisch definiert werden, kommt an ihnen besonders deutlich die „,Zentralität' der Stadt"[9] zum Ausdruck, werden sie sichtbar als Teil einer auf einen Mittelpunkt der Macht ausgerichteten Ordnung. „[S]tädtische Räume wurden zu Konfliktfeldern, auf denen junge Protestierende

---

[8] Lefebvre: *Die Revolution der Städte*, S. 46.
[9] Lefebvre: *Die Revolution der Städte*, S. 102.

**Abb. 3.4:** Gewaltbereitschaft als Provokation.

und von Ordnungsbehörden unterstützte kommerzielle Interessen sich gegenseitig bekämpften", vermeldet die Geschichtsschreibung im nüchternen Berichtston über den Straßenkampf des Jahres 1968.[10] München war in diesem Zusammenhang eine Stadt, „auf die man aus den Hochburgen der Revolte gerne ein bisschen herabschaute".[11]

## Revision der Abläufe

Das Schriftinsert „Die ‚Bürgerkriegsarmee'" kündigt den zweiten Teil des Films an. Er beginnt mit dem Hinweis der flüsternden Kommentarstimme, der Polizeiapparat sei auf Streik und Aufruhr gedrillt, seine ausführenden Organe unselbständige Befehlsempfänger. Unterlegt sind die Ausführungen mit dokumentari-

---

**10** Alexander Sedlmaier: *Konsum und Gewalt. Radikaler Protest in der Bundesrepublik.* Berlin 2018, S. 292.
**11** Norbert Frei: *1968. Jugendrevolte und globaler Protest.* München ²2017, S. 144.

**Abb. 3.5:** Salutierender Donald Duck.

schen Aufnahmen von Schießübungen verrichtendem Militär, exerzierenden und marschierenden Polizisten. Zu Archivbildern von Polizeioffizieren und ihren Untergebenen wechselt die Kommentarstimme, die nun tatsächlich einem Schulungsfilm entnommen scheint und die für eine funktionierende Befehlskette erforderlichen Verhaltensweisen erläutert (während der Befehlsausgabe spricht nur der Befehlende, kein Palaver dulden, Befehlsempfänger sprechen nur auf Aufforderung usw.). Das letzte Bild, das der Film zu dieser Textpassage aufruft, ist wieder einem Comic entnommen und zeigt einen strammstehenden, salutierenden, von „Zu Befehl"-Sprechblasen umgebenen Donald Duck (Abb. 3.5).

Mit der folgenden Einstellung springt der Film an den Schauplatz des Geschehens von vorhin zurück. Der immer noch an der Straßenecke am Boden liegende Demonstrant wendet sich direkt an die Kamera: „Es ist notwendig, dass wir Revolution spielen, denn dann kommt die Bürgerkriegsarmee zum Vorschein. Mit ihrem einheitlichen Dienst- und Befehlsdenken fällt die Polizei immer wieder auf unser Revolutionstheater herein." Während er das sagt, streicht ihm einer der hinter ihm stehenden Polizisten mit seinem Schlagstock zärtlich durchs lange, lockige Haar (Abb. 3.6). Erst ganz am Ende, nachdem er seinen Text aufgesagt hat, schaut der junge Mann irritiert zu ihm auf.

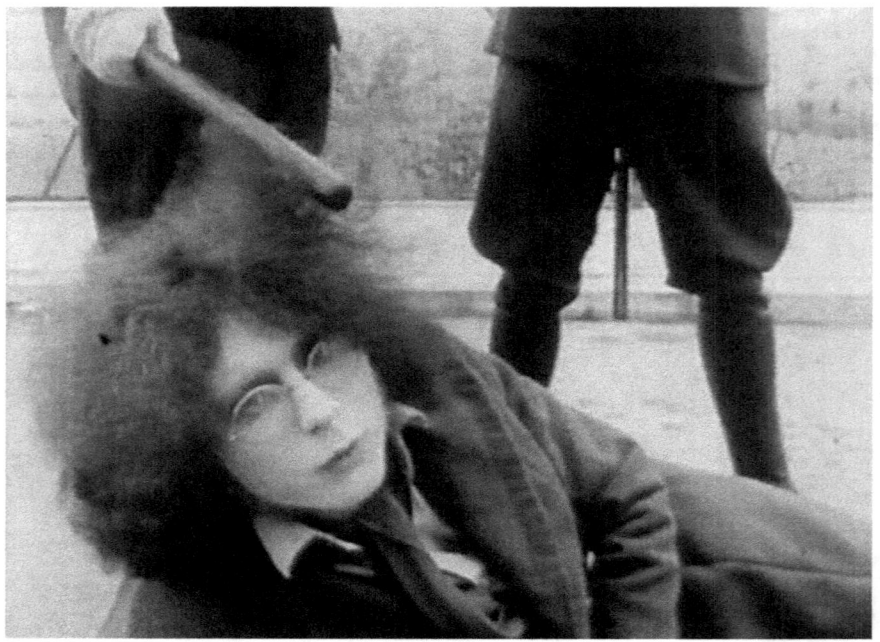

**Abb. 3.6:** Zärtliche Polizeigewalt.

„Alarm – Antreteplatz – Befehl – Einsatzkräfte – Anmarsch – Flügel – Front – Eingreifkommando." Nach der befremdlichen Szene mit dem Schlagstock, der dem niedergerungenen Demonstranten liebkosend durchs ungeschnittene Haar fährt, die nächste Montage von Archivaufnahmen polizeilichen Übens und Handelns, deren Wechselrhythmus vom Stakkato einer Stimme diktiert wird, die ihre Parataxen selbst noch im Befehlston hervorschleudert. Ihr letztes Wort, „Eingreifkommando", führt zurück zur Situation an der Straßenecke, an der die Polizisten den jungen Mann auf die Beine zerren und, seine Arme im doppelten Polizeigriff auf den Rücken gebogen, abführen.

Wieder setzt der Flüsterkommentar ein, informiert über die Pläne der Polizei, ihr verändertes Auftreten im öffentlichen Raum mit einer grundsätzlichen Revision der internen Abläufe zu verbinden: „Um wirksamer zu werden und nicht mehr unfreiwillig den gefährlichen Spinnern des SDS in die Hände zu arbeiten", wolle sie „ihre innerbetriebliche Ordnung von Befehlen und Gehorchen abmildern und die erstarrten polizeilichen Einsatzformen modernisieren". Als Modell für die bisherige Praxis dient den Comic-Bildern, die diesen Worten unterlegt sind, die rabiate Entenhausener Polizei des Disney-Universums, den „gefährlichen Spinnern des SDS" steht die von der Ordnungsmacht drangsalierte Micky-

**Abb. 3.7:** Menschenleere Straßen.

Maus-Figur höchstpersönlich Pate. Mit der nächsten Passage des Kommentars, die das Ziel formuliert, „die brutalen, unnötig harten Einsätze", in denen sich auch „ungelöste innerpolizeiliche Konflikte einen äußeren Gegner" suchten, in Zukunft zu vermeiden, wechseln auch die zitierten Bilder das Register und zeigen dokumentarische Straßenaufnahmen von gewaltsamen Polizeiaktionen gegen Demonstranten. Dieser Teil des Films endet mit einer statisch auf einer anderen Kreuzung verharrenden Totalen, die aus ebenerdiger Perspektive um den Fluchtpunkt einer sich in der Tiefe des Bildes verlierenden Straße zentriert ist. Von einem Fahrradfahrer abgesehen, der zu Beginn der Einstellung im Hintergrund verschwindet, bleibt die von parkenden Autos, Straßenlaternen und Mietshäusern geprägte Szenerie menschenleer (Abb. 3.7).

Während dies zu betrachten ist, hören wir die geflüsterte Kommentarstimme weiter ausführen: „Ihr Ziel ist es nun, durch die Entschärfung der Demonstrationen die radikalen Elemente von der großen Zahl gemäßigter Demonstranten zu isolieren. Das wäre dann in den Augen der Polizei der politische Tod der gefährlichen Spinner."

Nachdem die letzten Worte des geflüsterten Kommentars verklungen sind, bleibt das Bild noch fünfzehn Sekunden lang stehen. Zeit genug, um zu verstehen, dass diese Ansicht einer Straßenkreuzung kein versöhnliches visuelles Echo, sondern das umgepolte Gegenstück zum Anfangsbild des Films darstellt: Die urbane Idylle, die uns der Kamerablick hier bietet, ist nicht mehr das Resultat einer subversiven Beobachtung des Beobachters. Sie ist Ausdruck der Fantasie einer Ordnungsmacht, die glaubt, den öffentlichen Raum durch das Kalkül deeskalierender Polizeitaktik befrieden zu können. Das Schlussbild dieses zweiten Teils des Films ist kodiert als der utopische Möglichkeitsort einer durchherrschten Gesellschaft, aus der alle störenden Elemente ausgesondert wurden. Aus dem Umstand, dass Menschen – im harten Kontrast zu den Wimmelbildern der Straßenkämpfe zuvor – in ihm kaum noch vorkommen, bezieht es zugleich seine poetische Kraft und seinen dystopischen Schrecken. Ist die hier (und noch in den folgenden Einstellungen) so eindrücklich vor Augen geführte „Unwirtlichkeit unserer Städte" im Sinne Alexander Mitscherlichs als „Anstiftung zum Unfrieden" zu verstehen?[12] Oder zeichnet sich in ihrer diskursiven Konstruktion und melancholischen Prägnanz umgekehrt bereits ab, was später als grundlegendes ästhetisches Problem der 68er diagnostiziert wurde? „Das ist die Gesamttragödie der kulturellen Revolte: die tendenzielle Abschaffung der *Betrachter in Situationen* und ihre Ersetzung durch die Polizei", so Klaus Briegleb in seiner Untersuchung zur Literatur in der antiautoritären Bewegung.[13]

## Optische Anhaltspunkte

Ein zweites Schriftinsert – „Die ‚Sozialkosmetiker' oder die ‚Taktik der Toleranz'" – setzt einen neuen Akzent und leitet den nächsten Teil von POLIZEIFILM ein. Zunächst folgen jedoch weitere Ansichten einer entvölkerten urbanen Lebenswelt, die dem Schlussbild des vorherigen Teils ähneln: Ebenerdige Panoramablicke auf nahezu menschenleere, diagonal in die Tiefe des Raumes gestaffelte Hochhäuser, Wohnblöcke und Straßenzüge, wie sie sich auch in Godards düsterer Zukunftsvision ALPHAVILLE (F 1965) gut ausnehmen würden (Abb. 3.8).[14]

Dazu erläutert der Flüsterkommentar das langfristige Ziel einer präventiven Polizeiarbeit, auf die Alltagshandlungen der Bevölkerung so früh einzuwirken,

---

**12** Alexander Mitscherlich: *Die Unwirtlichkeit unserer Städte. Anstiftung zum Unfrieden.* Frankfurt am Main 1965.
**13** Klaus Briegleb: *1968. Literatur in der antiautoritären Bewegung.* Frankfurt am Main 1993, S. 269.
**14** In SUMMER IN THE CITY, seinem im Jahr darauf in Angriff genommenen Abschlussfilm an der HFF München, wird Wenders seinen Protagonisten Hans (Hanns Zischler) mit einem Freund zu ALPHAVILLE ins Kino schicken.

**Abb. 3.8:** Entvölkerte Wohnblöcke.

dass vorhandene Spannungen nicht mehr zum Ausbruch offener Konflikte führen:

> Zur Erreichung dieses Zieles ist die Polizei an einer intensiveren Erforschung der Verhaltensweisen des Menschen interessiert, um so bereits vorher Reaktionen des Gegners einkalkulieren zu können. Durch eine neue Taktik der Toleranz versucht die Polizei, alle Provokationen mit dem psychologischen Mittel des bewussten Verzichts auf polizeiliches Einschreiten unwirksam zu machen.

Anschließend wird die Toleranztaktik noch einmal von der Basis der Einsatzkräfte her artikuliert. Einer der beiden Polizisten mit Strumpfmaske, aus halbnaher Distanz frontal vor einer weißen Wand gefilmt (Abb. 3.9), konkretisiert die Handlungsvorgabe im Sinne einer „Taktik des Sich-nicht-provozieren-Lassens", einer „Immunisierung" der Polizeikräfte gegen die Anfechtungen der Straße.

Zu einer Montage von Bildern aus Versandkatalogen, auf denen freundlich lächelnde Männer aktuelle Herrenmode – Hüte, Tweed-Sakkos und Mäntel – zur Schau stellen, erfolgt der Hinweis des Kommentars, die Münchner Polizei wolle in Zukunft keine „optischen Anhaltspunkte" für Provokationen mehr bieten. Legt die Kombination von Ton und Bild noch nahe, die verklausulierte Rede von

**Abb. 3.9:** Polizist mit Strumpfmaske.

„optischen Anhaltspunkten" könnte auf den Verzicht der Uniformierung gemünzt sein, so bietet der zweite maskierte (und weiterhin uniformierte) Polizist – wie der erste in halbnaher Distanz vor derselben weißen Wand postiert (Abb. 3.10) – eine andere Lesart an:

> Geschlossener Anmarsch, Gegnersymbole wie deutlich sichtbare Schusswaffe oder Gummiknüppel, Wasserwerfer und Reiter, Scheinwerfer und Kameras, Funkstreifenwagen und Hubschrauber reizen die Demonstranten. So herrscht bei den meisten Großdemonstrationen Karnevalsstimmung.

Wie eine solche Atmosphäre der Gewaltbereitschaft, hier zynisch und in Anspielung auf den Topos der Maskerade als „Karnevalsstimmung" bezeichnet, konkret zu vermeiden sei, führt die Kommentarstimme anschließend aus:

> Die Polizei will deshalb nicht mehr militärisch brutal und provozierend in Ketten, Kordons und Kolonnen auftreten, sondern einzeln in die Demonstration einsickern und den Demonstranten nicht frontal, sondern individuell begegnen. Durch aktive Teilnahme an der Demonstration, durch Mitdiskutieren, Zwischenrufe-Machen, direktes Ansprechen von Rä-

**Abb. 3.10:** Zweiter maskierter Polizist.

delsführern und Flüsterpropaganda sollen Demonstrationen gelenkt und nötigenfalls auf Scheinziele abgelenkt werden.

Während man dies hört, sieht man, wie einer der beiden maskierten Polizisten dem Demonstranten vom Beginn des Films an einer anderen Straßenecke begegnet, ihm schulterklopfend eine Zigarette anbietet, Feuer gibt und ihn in ein Gespräch verwickelt, damit der zweite Polizist sich von hinten an den jungen Mann heranschleichen und ihm unbemerkt das lässig unter den Arm geklemmte Protestplakat abnehmen kann (Abb. 3.11).

Die Rede von der „Flüsterpropaganda" lässt in diesem Zusammenhang aufhorchen. Es suggeriert, dass die Flüsterstimme des Begleitkommentars keineswegs als ein Sprechen aus dem Untergrund zu verstehen ist, sondern immer schon vokale Maskerade der hier umrissenen neuen Polizeistrategie war. Das dieser Strategie entgegengestellte filmische Kalkül hat zu diesem Zeitpunkt längst die Form einer surrealistischen Provokation angenommen. Es hält das Gesehene und Gehörte in einer ständigen Kipp- und Kollisionsbewegung zwischen der scheinbaren Transparenz phänomenologischer Modulation und hintergründiger politischer Semantik, die kritische Erkenntnis (im Sinne einer Reflexion auslö-

**Abb. 3.11:** Die neue Polizeitaktik.

senden Dialektik) ermöglichen soll. „Die Stadt, das Urbane, ist auch Mysterium, ist okkult", liest man bei Lefebvre:

> Hinter dem äußeren Schein und hinter der Transparenz wirken die Unternehmen, weben verborgene Mächte, ganz zu schweigen von den nach außen hin sichtbaren Mächten: dem Reichtum, der Polizei. [...] Dieser repressive Anteil geht in den Vorstellungen von Raum auf; er unterhält das *Transgrediente*.[15]

Das Prinzip der surrealistisch-karnevalistischen Verkehrung ins Absurde spitzt sich am Ende von POLIZEIFILM zu, der seine Darstellung repressiver Transgression mit einer ästhetischen pariert und ins Subversive umlenkt. „Notfalls sollen sich die Polizisten hinter den Demonstranten zum Schein prügeln, um die Leute vom eigentlichen Ziel abzulenken", führt einer der beiden Polizisten aus, ein letztes Mal vor der weißen Wand neben seinem schweigenden Kollegen Rede und Antwort stehend.

---

[15] Lefebvre: *Die Revolution der Städte*, S. 130.

Zwei historische Fotos von menschenleeren Münchner Gründerzeit-Straßenzügen (das erste aus Augenhöhe, das zweite dann wieder aus erhöhter Position aufgenommen) lassen die folgenden Ausführungen des Flüsterkommentars über den Einsatz zivil gekleideter Polizeifotografen, die bei zukünftigen Demonstrationen gerichtsfestes Belastungsmaterial sichern sollen, buchstäblich ins Leere laufen – im sichtbaren Raum wie auf dem Zeitpfeil. In gewisser Weise betreiben die beiden Fotografien aus dem München einer vergangenen Epoche bereits jene „Sozialkosmetik", die im folgenden Zwischentitel durch ein Zitat des Polizeipräsidenten Manfred Schreiber als notwendige Camouflage einer „unter dem Zwang der starren Rechtssystematik" stehenden Polizei beschrieben wird, sobald sie im öffentlichen Raum auftritt. 1967 hatte Schreiber seine Einsatzkräfte zu einem *Rolling Stones*-Konzert in weißen Hemden anstatt der angestammten blauen Uniformen anrücken lassen. Sie dürften auch in diesem Aufzug noch als solche erkennbar gewesen sein.

Nach einem kurzen Stück mit Dokumentaraufnahmen junger an- und abtretender Polizisten und geflüsterten Anmerkungen des Kommentars zur Anpassungsfähigkeit und Flexibilität der eingesetzten Beamten, wie sie die neue Polizeitaktik erfordere, kippt die letzte und längste Einstellung des Films diese Forderung noch einmal ins Groteske: Als Teil der „mitmenschlichen Gestaltung des innerbetrieblichen Dienstes zur Entkrampfung der Beamten", wie der Kommentar eingangs festhält, kicken sich die beiden maskierten und uniformierten Polizisten vor einem der Tore auf einem ansonsten – soweit der Bildausschnitt es erahnen lässt – vollständig verlassenen Fußballfeld den Ball zu. Hin und wieder geht er ihnen ins Netz. Die Kommentarstimme ist lange verklungen, da beobachtet die Kamera das slapstickhafte Treiben der beiden um den Ball hüpfenden und tänzelnden Beamten noch weiter. Kurz vor Schluss der Einstellung, nach mehreren Minuten des Herumtollens, treten die beiden Figuren aus dem letzten Bild des Films ab. Zurück bleibt ein langer Blick auf ein leeres Tor im Niemandsland (Abb. 3.12).

Als ebenso beharrliche wie ungerührte Beobachterin einer an Absurdität kaum zu überbietenden ‚Polizei-Aktion' setzt sich die Kamera als kritische Betrachter-Instanz noch einmal ins Recht. Nicht die Demonstranten, die Polizisten hat sie am Ende des Films gesellschaftlich isoliert. Ausgesondert aus dem Gewebe der Stadt, vollführen sie ihre spielerischen Kollisionen im Abseits. Keine Kreuzung, nirgends.

**Abb. 3.12:** Polizisten auf dem Fußballfeld: ratlos.

## Gestalten des Möglichen

Mit den Jahren ist auch POLIZEIFILM ins Abseits der Aufmerksamkeit geraten. Man kann sich nur schwer des Eindrucks erwehren: Der Umgang der Wenders-Forschung mit diesem Film weist eine gewisse Ähnlichkeit mit der von ihm der Münchner Polizei unterstellten Absicht auf, die „radikalen Elemente" vom Rest der Gesellschaft zu isolieren. Wo der Film überhaupt Erwähnung findet, macht sich schnell die Tendenz bemerkbar, ihn als Solitär aus dem Werkzusammenhang auszusondern. „Der ungewöhnlichste, merkwürdigste Film in Wenders' gesamtem Werk", heißt es an einer Stelle: „Keine vorsichtige Suche nach dem rechten Verständnis für die Situation, sondern ein ganz direktes, eindeutiges Bekenntnis zu sozialen Ereignissen der Zeit."[16] „Vielleicht war er zur Beschwichtigung seiner Kollegen gemeint, oder als Bearbeitung seines eigenen Gefühls des fehlenden politischen Engagements", wundert man sich an einer anderen: „Was immer die Gründe für seine Entstehung gewesen sein mögen, er [Wenders, M.W.] ist der Welt brutaler Politik nie wieder so nahe gekommen."[17] Aus der Perspektive des Gesamtwerks betrachtet, erscheinen solche Befunde durchaus plausibel. POLIZEIFILM auf diese Weise als erratisches, im Werkverlauf folgenloses Ereignis auszuweisen, entspricht allerdings einer gängigen Erklärungslogik, der zufolge die Revolte von 1968 nur eine kurzlebige Störung des ‚normalen' historischen Entwicklungsgangs gewesen sei. Dieses Muster durchkreuzend, macht Jacques Rancière zumindest die Möglichkeit geltend, „der Erschütterung eine ganz andere Tragweite zu verleihen":

> Man wird dann nicht sagen, dass eine Abfolge von Ereignissen die normale Ursachenverkettung gestört hat, sondern dass sie eine andere Verkettung begonnen hat, die diese normale Kausalität in Frage stellt, eine Verkettung, die die normale Art und Weise in Frage stellt, wie Vorkommnisse miteinander verbunden werden und wie das Denken die Verhältnisse zwischen Ursachen und Wirkungen herstellt.[18]

Welche Verhältnisse, so wäre im Anschluss an Rancières historiografisches Wendemanöver zu fragen, lassen sich zwischen POLIZEIFILM als Ursache und seinen Wirkungen im Wenders'schen Werk herstellen? In die Fluchtlinien einer „Wahrnehmungsrevolution, die 1968 angestoßen wurde",[19] gestellt, lassen sich

---

16 Grob: *Wenders*, S. 169.
17 Robert Phillip Kolker und Peter Beicken: *The Films of Wim Wenders. Cinema as Vision and Desire*. Cambridge 1993, S. 26.
18 Jacques Rancière: *Das Ereignis 68 interpretieren. Politik, Philosophie, Soziologie*. Wien 2018, S. 10.
19 Ingrid Gilcher-Holtey: *1968. Eine Zeitreise*. Frankfurt am Main 2008, S. 8.

auch spätere Wenders-Filme noch als Gesellschaftsbeschreibungen auffassen, in denen, dem bekannten Slogan zufolge, die Fantasie an die Macht gelangen soll. Wobei Rancière zu Recht davor warnt, diese Macht lediglich „mit einer überbordenden Karnevalsstimmung" oder dem utopischen Potenzial des Traums gleichzusetzen. Viel eher bestehe sie prinzipiell in der Macht zur „Erfindung von Formen", konkret in den „Erfindungen von anderen Verwendungsweisen von Räumen und Zeiten, Wörtern und Gesten", die durch die „Verwandlung der Räume, ihrer Gebrauchsweisen und ihrer symbolischen Funktion" sowie der „Entfaltung einer autonomen [...] Zeit" bewerkstelligt werden.[20] Als „Gestalten des Möglichen, die andere Dynamiken erzeugen", führten sie noch dort, wo sie die politische Auseinandersetzung nicht direkt adressieren, zu „Wahrnehmungs-, Empfindungs-, Sprech- und Handlungsweisen, die aktive Kräfte des Kampfes und der Transformation sind".[21]

Gewendet auf das filmische Œuvre von Wim Wenders, wäre damit eine grundsätzliche Aporie seiner Poetik berührt: die in allen Filmen spürbare – und letztlich unlösbare – Grundspannung zwischen aktiver Intervention und passiver Registrierung, zwischen Bild und Erzählung, Musik und Sprache als unterschiedlichen „Ordnungen des In-der-Welt-seins", zwischen „radikaler Politik" und „radikaler Subjektivität".[22] Thomas Elsaesser, von dem diese Charakterisierungen stammen, spricht von einer neuen „Geometrie der Darstellung",[23] die sich bei Wenders aus der unermüdlichen Erkundung radikaler Subjektivität als einer Form, die an die Stelle radikaler Politik tritt, ergibt. Am Ende wirft POLIZEIFILM die Frage auf, ob in dieser Geometrie nicht Bruchstücke der „Formierung einer Erfahrungsgeneration" aufgehoben und den folgenden Filmen des Regisseurs als „im politischen Widerspruch erprobte [...] Formen der persönlichen Entfaltung" abzulesen sind, mit denen die 68er-Bewegung „in ein sich breit entfaltendes Gelände alternativer [...] künstlerischer Subkulturen" eingegangen ist.[24] Wie also verändert sich die Erklärungslogik, wenn man nicht aus der Kenntnis der anderen Filme auf POLIZEIFILM blickt, sondern umgekehrt von POLIZEIFILM aus auf das übrige Werk?

Zumindest im Frühwerk finden sich zahlreiche Anhalts- und Anknüpfungspunkte für eine von POLIZEIFILM her neu zu denkende Verkettung: Die Mobilisierung amerikanischer Populärkultur als ermächtigendem Bestand der Gegen-

---

20 Gilcher-Holtey: *1968*, S. 33 f.
21 Gilcher-Holtey: *1968*, S. 34 f.
22 Thomas Elsaesser: Spectators of Life. Time, Place, and Self in the Films of Wim Wenders. In: Roger F. Cook und Gerd Gemünden (Hg.): *The Cinema of Wim Wenders. Image, Narrative, and the Postmodern Condition*. Detroit 1997, S. 240–256, hier S. 243, 245.
23 Elsaesser: Spectators of Life, S. 255.
24 Frei: *1968*, S. 130 f., 147.

kultur (in POLIZEIFILM allerdings ohne die ansonsten so zentrale Popmusik); die urbane Umgebung als Raum der Aushandlung von Fragen persönlicher Identitätsfindung und kollektiver Zugehörigkeit; das wechselseitige Bedingungsverhältnis zwischen subjektiver Wahrnehmung und öffentlichem Raum. SCHAUPLÄTZE – Titel und Thema des verschollenen Erstlingsfilms aus dem Jahre 1967 – bilden im Jahr darauf buchstäblich den Baustoff, aus dem POLIZEIFILM seinen politischen Diskurs errichtet. Dass zwei Einstellungen aus SCHAUPLÄTZE im Vorspann von SAME PLAYER SHOOTS AGAIN (1967) überlebt haben, kann als weiteres Indiz für die innere Verflechtung der frühen Filme verstanden werden. Wie bereits der Titel suggeriert, basiert SAME PLAYER SHOOTS AGAIN maßgeblich auf dem Prinzip der Wiederholung, in formaler Hinsicht wie im Hinblick auf seinen Umgang mit klassischen Versatzstücken des amerikanischen Gangsterfilms. Der kritische Rückbezug auf das Genrekino Hollywoods bleibt bei Wenders eines der charakteristischen Merkmale seiner Filme. In Anbetracht der Genremaskerade von POLIZEIFILM wären die ästhetischen Verfahren, mit denen diese Form der Rekursivität sich ausprägt, noch einmal präziser in den Blick zu nehmen: Ganz ähnlich wie in POLIZEIFILM der Kamerablick auf die Straßenkreuzung vom bereits im Titel auf den Plan gerufenen Genrediskurs umstellt ist, nehmen die Details der filmischen Alltagsbeobachtungen zu Beginn von SAME PLAYER SHOOTS AGAIN gleichsam unter der Hand die Gestalt eines Noir-Milieus an. In beiden Fällen wird die Macht einer Generik (bzw. einer in generische Formen gekleideten ‚Macht') vor Augen geführt, der alles, was sichtbar und sagbar wird, ausgesetzt ist.

Parallel zu POLIZEIFILM filmt Wenders im Sommer 1968 in München das Material zu SILVER CITY, einem experimentellen Kurzfilm, der ausschließlich aus statischen Straßenansichten besteht und sich auf den ersten Blick wie ein elegisch gestimmtes Gegenstück ausnimmt. Von POLIZEIFILM aus betrachtet, stellt sich jedoch der Eindruck ein, es mit Einstellungen zu tun zu haben, die weitere mögliche Orte der gesellschaftlichen Auseinandersetzung aufblättern und elegisch nur insofern sind, als sie an ihnen ausbleibt. Auch wenn es sich hier ‚nur' um München handelt: Im Sommer 1968 die Kamera auf eine Straßenkreuzung zu richten, hat seine politische Unschuld verloren. So zumindest die Wahrnehmungslehre, die mit Lefebvre aus POLIZEIFILM gezogen werden kann.

Sie gilt auch noch für SUMMER IN THE CITY, Wenders' ersten abendfüllenden Film, der um die Jahreswende 1969/70 entstanden ist. Umso mehr, als die Flucht des soeben aus dem Gefängnis entlassenen Protagonisten Hans vor seinen ehemaligen Komplizen von langen Passagen durch die Straßen Münchens und Berlins gekennzeichnet ist. In endlosen Fahrten führen sie den Figuren- und Kamerablick an Straßenzügen und -kreuzungen vorbei, über Plätze und Autobahnen, durch Hinterhöfe und Häuserfluchten. Dabei rückt Wenders die aus POLIZEIFILM bekannte Netz- und Gittermetaphorik prominent ins Bild, entlässt sie

**Abb. 3.13:** Fassaden und Fenstergitter in Summer in the City.

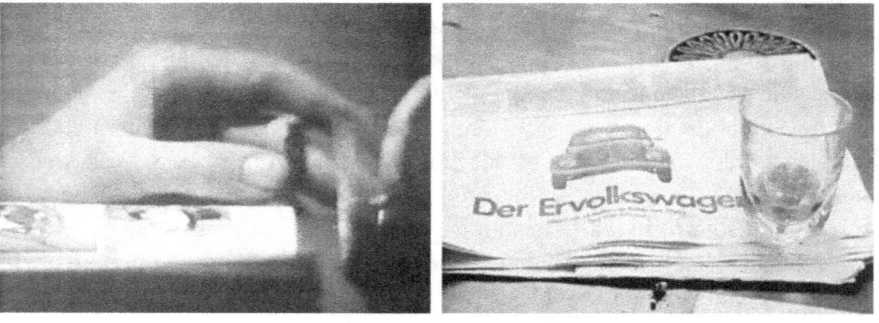

**Abb. 3.14:** Disney-Comic und VW-Werbung in Summer in the City.

gleichsam zusammen mit seinem Protagonisten aus dem Gefängnis in die städtische Struktur (Abb. 3.13).

Donald-Duck-Comics und Werbeanzeigen für den VW-Käfer, in Polizeifilm Spielmaterial offener Kollisionsmontagen, kehren in Summer in the City als diegetisch verschattete Motive zurück, die in erster Linie auf die Wahrnehmung des Protagonisten berechnet scheinen (Abb. 3.14).

Abgesunken in die Latenz von Requisiten, bleibt ihr subversives Wispern im Untergrund der fiktionalen Konstruktion doch immer noch vernehmbar. Weiß man um ihre Herkunft im Wenders'schen Frühwerk, scheinen sie sprungbereit nur auf den richtigen Augenblick zu lauern, in dem ihr kritisches Potenzial wieder zündet und die Wahrnehmung umschlagen lässt. Zuweilen genügt schon eine falsche Bewegung. Auf der Taxifahrt zum Flughafen erinnert die Voiceover-Stimme des Protagonisten an eine Situation, die sich, wie später im Film gezeigt wird, nach seiner Ankunft in Berlin wiederholen wird:

> Es gäbe in Berlin, in der Nähe meiner ehemaligen Wohnung, eine Tankstelle mit dem Firmenzeichen „Amoco". Ich sagte, dass ich mich beim ersten Mal sehr erschrocken hätte, als zwischen den Altbauten plötzlich das Wort ‚Amoc' auftauchte. Ich hätte mir das nicht vorstellen können. Erst als ich einen halben Meter weiterging, war das ganze Schild sichtbar.

Im exakten Nachvollzug der hier zunächst nur beschriebenen Figurenbewegung reproduziert die Kamerahandlung eine Situation, von der keineswegs ausgemacht ist, auf welcher Zeit- und Realitätsebene sie sich überhaupt ereignet (Abb. 3.15). Entscheidend dafür, die semantische Irritation vom handelnden auf das zuschauende Subjekt überspringen zu lassen, ist der Ort des Geschehens. Seine heterotopische Bedeutungsvielfalt wird erst von der filmischen Dynamik seiner Durchquerung eröffnet: von den Drehungen und Wendungen einer Subjektivität, deren Radikalität an solchen Durchkreuzungen der Handlungs- und Wahrnehmungsweisen zumindest als Möglichkeit aufscheint.

Aus diesen Detailbeobachtungen heraus ließe sich ein ganzes Forschungsprogramm entwickeln, das den Blick auf das Wenders'sche Werk neu justiert. Denn auch über das Frühwerk hinaus bieten sich die Praktiken und Taktiken, die seine Filme im Raum vollziehen, einer ästhetischen Analyse ebenso an wie ihre Befunde einer politischen Deutung. Angeleitet nicht nur von Lefebvre, sondern auch von Michel de Certeau, könnte man dazu „die einzigartigen und vielfältigen, mikrobenhaften Praktiken untersuchen, die ein urbanistisches System hervorbringen oder unterdrücken muß", um

> die Zunahme jener Handlungsweisen [zu] verfolgen, die sich – weit davon entfernt, von der panoptischen Verwaltung kontrolliert oder eliminiert zu werden – in einer wuchernden Gesetzwidrigkeit verstärkt und entwickelt haben und dabei in die Netze der Überwachung eingesickert sind, indem sie sich durch nicht lesbare, aber stabile Taktiken derartig miteinander verbunden haben, daß sie zu alltäglichem Ablauf und unauffälliger Kreativität geworden sind, welche bloß von den heute kopflosen Dispositiven und Diskursen der überwachenden Organisation nicht gesehen werden wollen.[25]

---

25 Michel de Certeau: *Kunst des Handelns* [1980]. Berlin 1988, S. 186.

**Abb. 3.15:** „Amoc"-Lauf in Summer in the City.

# 4 Spiegelungen: DIE SONNENGÖTTIN

> Wie der Spiegel und der Tod, so besänftigt auch die Liebe die Utopie des Körpers, lässt sie verstummen, beruhigt sie, sperrt sie gleichsam in einen Kasten, den sie verschließt und versiegelt.[1] (Michel Foucault)

> Die Idee des Ursprungs verleiht der einsamen Insel ihren vollen Sinn, Überbleibsel der heiligen Insel in einer Welt, deren Neubeginn auf sich warten läßt. Im Ideal des Neubeginns liegt etwas, was dem Beginn selbst vorausgeht, was ihn aufgreift, um ihn zu vertiefen und zeitlich zurückzuverlegen. Die einsame Insel ist die Materie dieses Unvordenklichen oder Tieferen.[2] (Gilles Deleuze)

## Modell und Gestalt

In den Filmen Rudolf Thomes ordnen sich das Reisen, das Schreiben (bzw. das Komponieren, Malen, Fotografieren) und das Lieben zu immer wieder anderen Mustern der Anziehung und Abstoßung. DER PHILOSOPH (D 1989) überführt die einsam schreibende Existenz von Georg Hermes – Autor eines Buches über „Die Liebe zur Weisheit", das sich als „Anleitung zum Denken" versteht – in eine liebende, die ebenso kenntnisreich wie hingebungsvoll von drei „Göttinnen der Liebe" angeleitet wird. DAS GEHEIMNIS (D 1995) beginnt mit der um mehrere Wochen verspäteten Rückkehr des Schriftstellers Karlheinz nach Berlin von einem Schreibaufenthalt samt Affäre in Spanien. Beim Eintreffen in der Wohnung muss er feststellen, dass seine Freundin Lydia das Türschloss ausgewechselt hat und nun mit einer Freundin zusammenlebt. Seinen Roman hat er beendet, seine Freundin ist er los. Ihre Freundin wird seine neue. Ob er noch ein Buch schreiben wird, erscheint fraglich.

Auch in anderen Filmen – Beispiele wären der Architekt Martin Berger in BERLIN CHAMISSOPLATZ (D 1980), der Philosophieprofessor Anton Bogenbauer in FRAU FÄHRT, MANN SCHLÄFT (D 2004), der Schriftsteller Johannes Kreuzberger in DU HAST GESAGT, DASS DU MICH LIEBST (D 2006), der Maler Marquard von Polheim in DAS SICHTBARE UND DAS UNSICHTBARE (D 2007) – hat es den Anschein, dass vor allem die männlichen Protagonisten bei Thome zumeist mit einer im weitesten Sinne künstlerisch-intellektuellen Tätigkeit ausgestattet werden, diese Tätigkeit

---

1 Michel Foucault: Der utopische Körper [1966]. In: Ders.: *Die Heterotopien / Der utopische Körper. Zwei Radiovorträge.* Berlin ³2017, S. 23–36, hier S. 36.
2 Gilles Deleuze: Ursachen und Gründe der einsamen Inseln [2002]. In: Ders.: *Die einsame Insel. Texte und Gespräche von 1953 bis 1974.* Frankfurt am Main 2003, S. 10–17, hier S. 12.

im Verlauf der Filme jedoch zunehmend in den Hintergrund rückt und am Ende kaum noch eine Rolle spielt. Wie Ulrich Kriest vermutet, geht es ab einem bestimmten Punkt „wirklich nur darum, dass die Figuren von allen ökonomischen Zwängen befreit ihrer ‚éducation sentimentale' folgen können".[3]

Vielleicht lassen sich die Tätigkeiten, denen die Figuren Thomes nachgehen, jedoch treffender als Handlungs- und Vorgehensweisen oder (existenzieller) als Teil kreativer Lebensformen begreifen, die einander nicht einfach ablösen, sondern sich kombinieren, bedingen und auf vielfältige Weise ineinander verschlungen sind.[4] So lassen in PARADISO (D 2000) die sieben Tage, die der Komponist Adam anlässlich seines 60. Geburtstags mit den sieben Frauen seines Lebens (und seinem verlorenen Sohn) an einem abgelegenen Ort in Mecklenburg verbringt, eine Polyphonie von Lebensentwürfen erklingen, deren Dialektik von Dissonanz und Konsonanz für den Zuschauer im Verlauf des Films als biografische Matrix der modernistischen Musik des Komponisten erkennbar wird. In PINK (D 2009) sind es die Vortragsreisen der gleichnamigen Lyrikerin, die sie mit den drei Verehrern, welche sie nacheinander heiraten wird, zusammenführen, ihre ersten beiden Ehen aber auch so zerbrechlich machen. Als sich durchdringende *modi vivendi* erscheinen das Schreiben, das Reisen und das Lieben als Katalysatoren einer Entwicklung, die das eine nicht einfach im linearen Fortschreiten der Handlung durch das andere ersetzt, sondern zum Anstoß nimmt und in verwandelter Form zum Ausdruck bringt. „Der Filmemacher [...] arbeitet nicht nach einem fertigen, in sich abgeschlossenen Modell (wie es ein Drehbuch darstellt), sondern setzt einen Prozess in Gang, dessen Wesen es ist, das, was gemacht werden soll, zu suchen, in dem Modell und Gestalt zusammenfallen, in dem [...] Inhalt und Form eins werden", hat Thome seine Vorgehensweise einmal beschrieben.[5]

Sofern sich dieser Bewegung, von der hier die Rede ist und die Thomes Filme seit Mitte der 1980er Jahre immer wieder vollziehen, überhaupt eine gemeinsame Richtung unterstellen lässt, so besteht sie zunächst einmal nur darin, die Abstraktion der bloßen Zuschreibung künstlerisch-intellektueller Tätigkeiten an

---

[3] Ulrich Kriest: Rudolf Thome. Ein Ethnograf des Inlands. In: Ders. (Hg.): *Formen der Liebe. Die Filme von Rudolf Thome*. Marburg 2010, S. 10–28, hier S. 25.
[4] In dem Sinne, in dem Michel de Certeau von menschlichen Praktiken und Aktivitäten als einer „Kunst des Handelns" spricht. Vgl. ders.: *Kunst des Handelns* [1980]. Berlin 1988.
[5] Rudolf Thome und Cynthia Beatt: Beschreibung einer Insel. Ein ethnografischer Spielfilm. In: *Filmkritik* 21:5 (1977), S. 229.

einzelne Figuren in eine Dimension zu überführen, die ihre Bedeutung, ästhetisch verwandelt, „konkret und sinnlich"⁶ hervortreten lässt.

DIE SONNENGÖTTIN (1993) ist in dieser Hinsicht trügerisch und erhellend zugleich. Der Verlauf der Handlung führt seine beiden Protagonisten – den New Yorker Filmkritiker Richard Todd (John Shinavier), der an einem Buch über den deutschen Stummfilm-Regisseur Friedrich Wilhelm Murnau schreibt, und Martha (Radhe Schiff), die in Berlin mit schreienden Farben und expressiven Maltechniken experimentiert – von New York und Berlin auf eine griechische Insel und von der Filmgeschichte und der modernen Malerei zurück zu den mythischen Ursprüngen der westlichen Kultur. „Die Suche nach dem Geheimnis einer alten, griechischen Statue führt sie hin zu neuen Gedanken und Gefühlen: zu neuen Geschichten", resümiert Norbert Grob die Bewegung des Films, um aus ihr den naheliegenden Schluss zu ziehen: „Auf Santorini, in der weißen Stadt Thira und am roten Strand im Süden, geben die beiden ihr altes Leben auf, um sich ganz neu zu finden. Sie lässt ihre Malerei, er vergisst Murnau."⁷

Dass die Aufhebung der Tätigkeiten des Schreibens und Malens in die des Reisens und Liebens weniger die ruckartige Bewegung einer Ablösung vollzieht als eine schleichende Modulation von subjektiven Zuständen und mit ihnen verbundenen Praktiken, in denen weder die Arbeit am perfekten Bild verschwunden noch Murnau wirklich vergessen ist, wird von Grob zumindest suggeriert, wenn er die „langen, stummen Szenen", in denen „die beiden ihre Faszination aneinander" feiern, als „Thomes Hommage auf Murnaus TABU (1931)" versteht:

> Sie posiert, schwimmt, singt, tanzt, und er fotografiert sie dabei. Wobei die beiden sich immer nachhaltiger den Stimmen der Natur überlassen – dem Wasser, dem Licht und dem Feuer, den Wellen des Meeres, dem Wechsel von Sonne und Wolken, den wärmenden Flammen, dem wehenden Wind. Plötzlich singt sie in einer Sprache, die sie gar nicht kennt, und tanzt gedankenverloren ums Feuer, als folge sie einem alten Ritual.⁸

Deutlich markiert ist hierbei allerdings die Differenz zwischen den Ebenen der filmischen Darstellung und des filmisch Dargestellten, zwischen dem Handeln und Denken der Figuren und ihrer Inszenierung durch den Regisseur: Martha mag die Malerei hinter sich gelassen, Richard Murnau vergessen haben; Thome, für

---

6 Rudolf Thome: Das ist eine Utopie. Das Kino, von dem ich träume [1979]. In: Kriest (Hg.): *Formen der Liebe*, S. 115–118, hier S. 117: „Das Kino, von dem ich träume, ist genau, ist konkret und sinnlich."
7 Norbert Grob: Wasser ist Wasser – aber nicht nur. Zur Schönheit serieller Variation bei Rudolf Thome. In: Kriest (Hg.): *Formen der Liebe*, S. 202–225, hier S. 222.
8 Grob: Wasser ist Wasser – aber nicht nur, S. 222.

den Murnaus TABU selbst „ein Mythos" und „der schönste Film aller Zeiten"[9] ist, inszeniert seine Bilder jedoch jetzt erst recht im Geiste des verehrten Vorbilds.

## New York – Berlin

Dass es in DIE SONNENGÖTTIN um ästhetische Modulationen von Gefühlszuständen und subjektiven Wahrnehmungen gehen wird, legt bereits die prägnante Titelsequenz des Films nahe. Richard besucht zusammen mit seiner Mäzenin (Marie Soranno), die ihn beim anschließenden Abendessen mit einem Stipendium für seine Arbeit am Murnau-Buch und die notwendige Forschungsreise nach Berlin ausstatten wird, ein Konzert. Begleitet von zwei Bogenglocken, entlockt ein Musiker (Robert Rutman) mit intensiven, von der Kamera geduldig beobachteten Bewegungen seinem Stahl-Cello fremdartig anmutende Klänge, die sphärisch nachhallen und in ihren tonalen Mustern fließend ineinander übergehen. Variationen eines Themas bietet denn auch der erste Teil des Films, der in einer nahezu symmetrischen Spiegelkonstruktion die Situation in Richards New Yorker Appartement mit der in Marthas Berliner Wohnung verschränkt.

Bei Richards Rückkehr vom Abendessen wartet eine junge Frau (Susan Chesler), mit der er eine Woche zuvor eine Nacht verbracht hat, vor seiner Wohnungstür auf ihn. Er trägt die beim Warten Eingeschlafene in seine Wohnung und legt sie aufs Sofa, stellt die von ihr mitgebrachte Rose in einer Vase auf den Kaminsims und setzt sich dann zum Schreiben an den Schreibtisch. Die junge Frau wacht auf, entkleidet sich und bittet um einen Gutenachtkuss. Sichtlich in seiner Arbeit gestört, kommt er ihrem Wunsch nach einem richtigen Kuss auf den Mund nach, belässt es aber dabei und stellt klar, dass er noch arbeiten müsse und sie jetzt schlafen soll. Als er wieder am Schreibtisch sitzt, ruft Martha an. Zunächst seufzt Richard über die erneute Störung, ist aber erfreut, als er feststellt, dass es Martha ist, und kündigt seinen Besuch in Berlin für die nächste Woche an. Während er im Bildhintergrund mit Martha telefoniert, sehen wir die junge Frau auf dem Sofa, wie sie die Augen aufschlägt und dem Gespräch folgt. Sie nimmt dabei eine ähnliche Haltung ein wie Matahi auf dem Verleihplakat für Murnaus TABU, das im Hintergrund der Einstellung sichtbar ist (Abb. 4.1).

Kurz bevor sich Richard von Martha mit einem „I love you" verabschiedet, wechselt die Kameraperspektive und schließt die junge Frau von unserem Blick aus. Nachdem er aufgelegt hat, springt die Perspektive in die vorherige zurück:

---

[9] Rudolf Thome: Traurige Tropen. In: Hans Helmut Prinzler (Hg): *Friedrich Wilhelm Murnau. Ein Melancholiker des Films*. Berlin 2003, S. 217–218, hier S. 217.

**Abb. 4.1:** Richard, TABU und die junge Frau auf dem Sofa in DIE SONNENGÖTTIN.

„Do you call every woman ‚Baby'?", fragt die junge Frau. Man hört Richard wieder seufzen, dann bricht die Szene ab.

Mit der nächsten Einstellung sind wir in Marthas Berliner Atelierwohnung, in der sie ihre auf dem Boden liegenden und an die Wand gelehnten Bilder betrachtet, dann das Fenster öffnet, als von draußen eine Sirene zu hören ist. Vom Fenster geht sie in den abgegrenzten Schlafbereich des Zimmers, in dem ein junger Mann (Markus Weiß) gerade erwacht. Sie teilt ihm, an den Raumteiler zum offenen Küchen- und Badebereich gelehnt, in knappen Worten mit, dass ihr Freund aus Amerika nach Berlin komme und er deshalb ausziehen müsse. Kurzer stummer Blickwechsel. „Immediately?", fragt er. „Yes", sagt sie. Sie müsse jetzt einkaufen, und es wäre schön, wenn er nach ihrer Rückkehr nicht mehr da wäre. Auf seine Bemerkung, sie sei ganz schön hart, folgt ein längerer stummer Blickwechsel, bevor noch geklärt wird, dass er den Schlüssel auf dem Tisch hinterlassen und seine Schallplatten nicht vergessen soll. Eine kurze, halb versöhnliche Umarmung beendet die Szene. Nach ihrer Rückkehr vom Markt findet Martha einen Brief von Franz (denn so heißt der junge Mann), in dem er ihr mitteilt, dass er an seinem Rausschmiss schwer zu knabbern habe, die vier Wochen mit ihr jedoch nicht bereue. Sie zerreißt den Zettel und wirft ihn in den Müll.

Zurück in Richards Appartement in New York. Es ist Morgen. Die junge Frau erwacht auf dem Sofa, geht ins Bad und legt sich dann unbekleidet zu Richard

**Abb. 4.2:** 2 x Frühstück.

ins Bett, schmiegt sich zärtlich von hinten an. Schnitt und Zeitsprung. Er bucht telefonisch seinen Flug, sie macht Frühstück. Die junge Frau isst mit großem Appetit, hat lange nichts gegessen. Richard, der erkennt, dass sie mittellos ist, kündigt an, er werde ihr etwas Geld geben und sie könne in seinem Appartement bleiben, bis sie etwas Eigenes gefunden hat. Sie: „If I become a star, I pay you all back. Maybe then you write a book about me, too."

Wieder in Berlin bei Martha, die am Boden ihres Ateliers an einem archaisch wirkenden Tierporträt malt, dessen Augen noch einen Moment die Kamera zu fixieren scheinen, nachdem sie die Einstellung verlassen hat. In New York fährt Richard mit der jungen Frau, deren Namen wir nicht mehr erfahren werden, im Taxi zum Flughafen. Sie sagt, sie würde für den Rückweg in die Stadt den Bus nehmen und könne ihn abholen, wenn er sie wissen lasse, wann er wieder in New York ankomme. Sie schaut ihn lange an. Er sagt nichts. Bei seiner Ankunft in Berlin erwartet ihn Martha am Flughafen. Sie umarmen sich ausgiebig. Auf dem Weg nach Hause machen sie noch einen Abstecher zum Brandenburger Tor. Sie gehen gemeinsam hindurch und Martha macht die eigenwillige Bemerkung: „The greatest men in all of Europe's history have walked through this gate. Napoleon, Kaiser Wilhelm, Hitler and Stalin. Shall we go home?"

Die folgenden Szenen in ihrer Wohnung – Martha und Richard in der Badewanne, im Bett, am Frühstückstisch – variieren thematisch das zuvor mit anderen Partnern in ihrer Wohnung und seinem Appartement in New York Gesehene (Abb. 4.2).

Wie Mosaiksteine scheinen sie als Liebeshandlungen in die Ellipsen zu passen, die zuvor bewusst gelassen wurden. Mit dem Unterschied, dass Martha und Richard deutlich weniger miteinander zu sprechen brauchen, um einander nahe zu kommen, dafür aus dem Off von Jazzmusik begleitet werden – von einer Saxophon- und einer Pianomelodie sowie von einem Perkussionsthema, das in einem kurzen szenischen Einschub auch Marthas großflächige Bewegungen beim

Malen rhythmisch akzentuiert. Das Gespräch am Frühstückstisch klingt deutlich an die Frühstücksszene in New York an, kaum weniger deutlich markiert es die Differenz zu Marthas Umgang mit Franz, dem ein letztes gemeinsames Frühstück verwehrt geblieben war. Vor allem aber thematisiert das Gespräch den Bezug zwischen dem, was Martha und Richard tun, und dem, was (und wie) sie lieben. Richard spricht davon, dass für ihn mit der Möglichkeit, ein Buch über Murnau zu schreiben, ein Traum wahr geworden sei, habe er seine Filme doch immer schon geliebt. Er habe intensive Tage vor sich, wolle täglich zwei Murnau-Filme im Archiv sichten. Die Frage, ob sie ihn begleiten wolle, bejaht sie enthusiastisch: Natürlich wolle sie das, sie wolle jede Sekunde, die er in Berlin sei, mit ihm verbringen. Im nächsten Augenblick kommt sie darauf zu sprechen, wie schwierig es anfangs für sie in Berlin gewesen sei. Sie habe sogar mit dem Malen aufgehört. Ob es andere Männer gegeben habe, erkundigt sich Richard. Erst später, erwidert Martha, er sei ihr noch zu nah gewesen. Ob sie sie geliebt habe, fragt er. Sie verneint: „Not like I love you. It was different."

Worin diese Differenz der Liebe besteht, führt der nächste Teil des Films vor Augen. Er tut dies, indem er die Spiegelkonstruktion langsam auflöst, die Beziehung zwischen Martha und Richard behutsam von den bis dahin etablierten Folien abzieht und in Konstellationen rückt, in denen die – libidinös besetzten – Interessen und Tätigkeiten der Figuren ihren Gefühlen füreinander nicht im Wege stehen und sie von ihnen wegführen, sondern zu ihnen hin. Die Orte, an denen diese Bewegung exemplarisch inszeniert wird, sind das Kino, der Friedhof und das Museum.

## Kino – Friedhof – Museum

Unmittelbar nach Ende der Frühstücksszene begegnen wir Martha und Richard nebeneinander im kleinen, abgedunkelten Archivkino sitzend wieder. Man hört leise das Projektorengeräusch, über ihre Köpfe verläuft der Projektionsstrahl von rechts ins linke Off (Abb. 4.3).

Was von der noch unsichtbaren Leinwand an Licht von links in den Raum zurückfällt, hebt die Körper des Paares reliefartig aus dem umgebenden Dunkel hervor. Punktiert von Nahaufnahmen erst Marthas, dann Richards, wie er den Blick von der Leinwand auf Martha wendet, worauf ein langer Close-Up Marthas folgt, sehen wir, was sie sehen: die berühmte Tanzszene von Reri und Matahi aus Murnaus TABU, für Thome „die schönste Liebesszene", die er je gesehen hat.[10] Die

---

10 Thome: Traurige Tropen, S. 217.

**Abb. 4.3:** Martha und Richard im Kino.

expressive und dramatische Schlüsselfunktion, die ihr im Rahmen von Murnaus Film zukommt, hat er anlässlich der Murnau-Retrospektive 2003 in Berlin so beschrieben:

> TABU besteht aus zwei Teilen. Der erste Teil heißt ‚Das Paradies', der zweite Teil ‚Das verlorene Paradies'. In der Eingangssequenz von ‚Das Paradies' sehen wir, wie die Männer einer abgelegenen kleinen Vulkaninsel mit Speeren fischen und die Frauen Frangipani-Blüten zu Kränzen flechten und unter einem Wasserfall vergnügt im Wasser planschen. Als die Männer dazukommen, gibt es Streit zwischen den jungen Frauen. Reri und eine Freundin kämpfen miteinander. Reri verliert den Kampf, und Matahi kommt zu ihr und tröstet sie. Dann kommt ein Schiff. [...] Die Bewohner des Dorfes schreien vor Freude und Neugierde, lassen alles stehen und liegen, rennen zum Strand und paddeln mit ihren Kanus dem Schiff entgegen. [...] Aber mit dem Schiff kommt das Drama, in Gestalt von Hitu, dem Abgesandten des Häuptlings einer anderen Insel, und der verkündet, als er an Land gekommen ist, daß das schönste Mädchen der Insel – Reri – ausgewählt worden ist, mit ihm zu gehen, und daß sie ab jetzt eine heilige Jungfrau sei. Ab jetzt ist sie – tabu. Kein Mann darf sie mehr berühren. Reri und Matahi sind darüber todunglücklich. Beim Abschiedsfest muß Reri tanzen. Sie will zuerst nicht, tut es dann aber doch. Kaum fängt sie an zu tanzen, ist ihr ganzer Schmerz und Kummer verflogen. Sie gibt sich ganz und gar dem Tanz hin. Die Bewegungen ihres Körpers und ihr Gesichtsausdruck sind in diesem Augenblick von fast überirdischer Schönheit. [...]

Matahi sieht Reri tanzen und bewegt sich tanzend sofort zu ihr. Reris Augen leuchten auf, als sie ihn sieht, und sie tanzen gemeinsam einen wilden, ekstatischen Tanz. Jeder sieht, daß sie sich lieben. Auch Hitu.[11]

Später wird Thome Martha und Richard ebenfalls zusammen tanzen lassen, Sirtaki in einer Taverne, „als seien sie alte Griechen".[12] Hier inszeniert er aber vor allem ihre Wahrnehmung der Szene aus Murnaus Film: die Spiegelung der Filmbilder in den Brillengläsern Richards, die sich verdunkeln, wenn er den Blick auf Martha richtet; Marthas von der Leinwand beschienenes Gesicht, das im Abglanz der von ihr gebannt verfolgten Schwarzweißbilder wie eine Skulptur monochrom aus dem Dunkel ragt. Ihrer Aufmerksamkeit wird nicht entgangen sein, dass Reri zu Beginn ihres Tanzes in Murnaus Film beide Arme über den Kopf erhebt und damit eine Geste vollführt, die wir im Anschluss als die der Sonnengöttin kennenlernen werden. Für Foucault ist das Kino „ein sonderbarer rechteckiger Saal, an dessen Ende man auf eine zweidimensionale Leinwand einen dreidimensionalen Raum projiziert".[13] Wie andere Heterotopien auch besitzt es die Fähigkeit „mehrere reale Räume, mehrere Orte, die eigentlich nicht miteinander verträglich sind, an einem einzigen Ort nebeneinander zu stellen".[14] Thomes Film arbeitet an dieser Stelle an der Suggestion ihrer Vereinbarkeit.

Wie die Szene im Kino ist auch der Besuch von Murnaus Grab auf dem Südwestfriedhof in Stahnsdorf als Überkreuzung von Blick- und Bewegungsachsen inszeniert, als Übertragung von Formen, Gesten und Motiven. Zunächst versuchen sich Martha und Richard mithilfe eines Lageplans Übersicht zu verschaffen (Abb. 4.4).

Murnaus Grab ist schnell gefunden. Richard beginnt das imposante Grabmal, in dessen Zentrum eine Büste Murnaus angebracht ist, aus verschiedenen Perspektiven zu fotografieren. Als er seitlich an ihm hochklettert, um mit einem Taschentuch Vogeldreck aus dem linken Auge Murnaus zu entfernen, stellt er fest, dass die Büste nicht fest verankert ist, sondern leicht wackelt, wenn man sie berührt (Abb. 4.5).

Er solle die Büste doch mit zurück nach New York nehmen, wirft Martha scherzhaft ein. Sie streunen weiter über einen dicht mit Sträuchern und Gestrüpp überwucherten Teil des Friedhofs. Richards Aufmerksamkeit wird von einer

---

[11] Thome: Traurige Tropen, S. 218.
[12] Livia Theuer: Dionysos Talking. Frauen-Männer vice versa im Thome-Kosmos. In: Kriest (Hg.): *Formen der Liebe*, S. 232–258, hier S. 246.
[13] Michel Foucault: Von anderen Räumen [1967]. In: Jörg Dünne und Stephan Günzel (Hg.): *Raumtheorie. Grundlagentexte aus Philosophie und Kulturwissenschaften*. Frankfurt am Main [8]2015, S. 317–329, hier S. 324.
[14] Foucault: Von anderen Räumen, S. 324.

**Abb. 4.4:** Lageplan des Friedhofs.

**Abb. 4.5:** Richard an Murnaus Grab.

kleinen steinernen Frauenfigur angezogen, die mit zum Himmel erhobenen Armen vor einem Grabstein direkt auf der von Laub bedeckten Erde zu knien scheint. Zum ersten Mal hört man aus dem Off sphärische Synthesizer-Töne, die fortan im Film auf die Sonnengöttin verweisen. Richard ruft Martha heran, die die Figur lange betrachtet, während er Fotos macht (Abb. 4.6). Ob er an Wiedergeburt glaube, fragt ihn Martha auf der Rückfahrt vom Friedhof, an dem sich für Foucault stets ein absoluter Bruch mit der traditionellen Zeit vollzieht: ein „hochgradig heterotoper Ort [...], denn er beginnt mit jener seltsamen Heterotopie, die der

**Abb. 4.6:** Martha und Richard bei der Statue.

Verlust des Lebens für den Einzelnen darstellt, und mit jener Scheinewigkeit, in der er sich unablässig auflöst und verschwindet".[15]

Abends, zurück in Marthas Wohnung, folgt eine letzte Reminiszenz an die Szenen des ersten Teils in Richards New Yorker Appartement. Erneut sitzt er am Schreibtisch und hämmert auf die Tastatur seines Apple PowerBook ein, während sich im gleichen Zimmer eine Frau zum Schlafen bereit macht. Gegenüber der früheren Situation hat sich die Blickachse umgekehrt, dieses Mal rundet eines von Marthas Bildern an der rückwärtigen Wand die Komposition ab (Abb. 4.7). Eine Überblendung markiert das Vergehen eines längeren Zeitraums, nach dem Richard noch weiterschreibt, Martha im Hintergrund längst eingeschlafen ist. Als auch er irgendwann zu Bett geht, wacht sie sanft auf, streicht ihm durchs Haar und sagt: „Your touch is so familiar."

In der nächsten Szene holen sie die Bilder in einem Fotogeschäft ab. Erst als Martha im Laden die Fotos durchsieht, die Richard von der steinernen Frauenfigur auf dem Friedhof gemacht hat, scheint ihr die Übereinstimmung zwischen der Pose der Statue und derjenigen aufzufallen, die sie einmal auf einem Urlaubsfoto eingenommen hat, als sie ein Jahr alt war. In ihrer Wohnung zeigt sie Richard das von ihrem Vater aufgenommene Bild, auf dem ein nacktes kleines Mädchen mit erhobenen Armen im flachen Wasser am Stand kniend zu sehen ist. Im Gegensatz zu den Aufnahmen, die Richard von der weiblichen Steinfigur auf dem Friedhof gemacht hat und die dem Zuschauerblick vorenthalten bleiben, verharrt die Kamera lange auf dem Babyfoto Marthas (Abb. 4.8).[16]

---

15 Foucault: Von anderen Räumen, S. 324.
16 Jenseits der fiktionalen Konstruktion handelt es sich bei der Aufnahme um ein altes Foto, das Thome einmal von seiner Tochter gemacht hatte und das für ihn die Keimzelle von DIE SONNENGÖTTIN bildete: „Der Ausgangspunkt war für mich ein Foto, das mir zufällig in die Hände fiel. Es zeigt meine Tochter, die im Wasser kniet und die Hände hochhält, wie eine Sonnengöttin.

**Abb. 4.7:** Reminiszenz an New York in Marthas Wohnung.

**Abb. 4.8:** Marthas Babyfoto.

Martha und Richard kehren daraufhin auf den Friedhof zurück und lassen sich von einem Friedhofsangestellten (Hannes Stelzer – die Schlusstitel des Films geben ihn gar als „Totengräber" an) erklären, dass die Steinskulptur die Sonnengöttin von Akrotiri darstellt. Es handele sich um die Nachbildung, deren frühgriechisches Original sich im Archäologischen Museum in Athen befindet. Ein Archäologe habe sie im Andenken an seine verstorbene Tochter anfertigen lassen. Auf einem Spaziergang am See, nach einem Gespräch über die Angst vor dem Tod, beschließen sie, nach Griechenland zu fahren.

Vor ihrer Abreise steht aber noch die Eröffnung der Ausstellung von Marthas Gemälden in einer Berliner Galerie an. In einer fast schon allegorisch zu nennenden Konstellation stellt Martha Richard zunächst ihrer Mutter (Janina Szarek) vor, die mit ihm über New York und Marthas Vater plaudert; anschließend ihrer Galeristin (Adriana Altaras), die ihn auf die „archaische" Kraft und „Zeitlosigkeit" von Marthas Bildern aufmerksam macht. Woraufhin er behauptet, von Kunst nichts zu verstehen – was, träfe es zu, für einen Murnau-Spezialisten eher ungewöhnlich wäre. Auf ihre bevorstehende Griechenlandreise angesprochen, lässt sich Richard über die Reize der „sehr alten Bauwerke" aus, die dort zu sehen seien, und muss sich von der Galeristin vielsagend korrigieren lassen, das Adjektiv „archaisch" sei auch in Bezug auf antike Architektur das angemessenere.

In Athen ist die Akropolis der erste Ort, den Martha und Richard besuchen. Quer zum geografischen Ortswechsel greift die Szene eine Reihe von Merkmalen der Berliner Szenen im Kino, auf dem Friedhof und in der Galerie in verwandelter Form wieder auf. Auf einen etwas abseits gelegenen Steinquader gelehnt, diskutieren sie Richards Idee, Martha am selben Ort in derselben Haltung zu fotografieren wie damals ihr Vater. Analog zu ihrer scherzhaften Bemerkung auf dem Stahnsdorfer Friedhof, er könne Murnaus nur lose angebrachten Kopf ja mitnehmen, fragt ihn Martha jetzt, ob er nur mit ihr nach Griechenland gekommen sei, um einen Vorwand zu haben, Nacktaufnahmen von ihr zu machen. Jeder Ort habe seine eigene Aura, antwortet Richard, an jedem sei es anders, Fotos von ihr zu machen: „Every place has its own feelings. Don't you feel that?"

Während sie das besprechen, sind ihre Oberkörper hinter dem mächtigen Steinquader nebeneinander vor dem Panorama Athens zu sehen. Die Akropolis, auf die ihre Blicke links ins Off gerichtet sind, ist dort zu vermuten, wo sich in der ersten Einstellung der Szene im Kino die Leinwand befand. Anstelle des Filmprojektors ist über ihren Köpfen eine Reihe von Scheinwerfern zu sehen, mit

---

Ich suchte nach dem Titel für einen Film, und das war er. Das war der Kern des Films." Rolf Schüler und Rudolf Thome: Liebe auf den zweiten Blick. Phänomenologie der Liebe. In: *Film + Fernsehen* 4–5 (1994), S. 26.

**Abb. 4.9:** Akropolis.

denen die Akropolis angestrahlt wird, sobald es dunkel wird. Das eindringliche Schwarzweiß von Murnaus TABU tragen sie immer noch am Leibe – nun aber, wie in einem der großflächig mit Farbkontrasten spielenden Gemälde Marthas, rigoros entmischt und aufgeteilt in ein schwarzes (Martha) und ein weißes (Richard) T-Shirt (Abb. 4.9).

Beim anschließenden Besuch des Archäologischen Museums – einer weiteren mit zeitlichen Brüchen und Widersprüchen operierenden Heterotopie[17] – haben sich die farblichen Vorzeichen des Kostümbildes umgekehrt, bewegen sich aber weiterhin im monochromen Spektrum des Stummfilms: Richard trägt nun ein schwarzes Polohemd zu weißer Hose, Martha ein hellgraues Kleid. Als Martha

---

**17** Vgl. Foucault: Von anderen Räumen, S. 325: „Museen und Bibliotheken sind Heterotopien, in denen die Zeit unablässig angesammelt und aufgestapelt wird, während sie [...] bis zum Ende des 17. Jahrhunderts Ausdruck einer individuellen Wahl waren. Der Gedanke, alles zu sammeln, gleichsam ein allgemeines Archiv aufzubauen, alle Zeiten, Formen und Geschmacksrichtungen an einem Ort einzuschließen, einen Ort für alle Zeiten zu schaffen, der selbst außerhalb der Zeit steht und dem Zahn der Zeit nicht ausgesetzt ist, und auf diese Weise unablässig die Zeit an einem Ort zu akkumulieren, der sich selbst nicht bewegt, all das gehört unserer Moderne an. Museum und Bibliothek sind Heterotopien, die eine Eigentümlichkeit der westlichen Kultur des 19. Jahrhunderts darstellen."

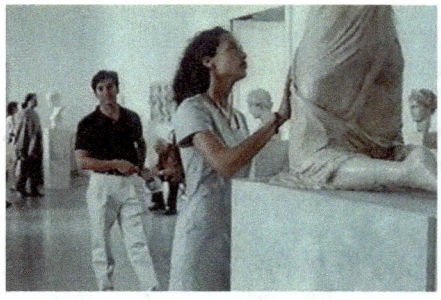 

**Abb. 4.10:** Bild und Berührung im Museum.

die überlebensgroße Statue der Sonnengöttin Akrotiri berühren will (wie Richard auf dem Friedhof Murnaus Kopf), wird ihre Annäherung von der zuständigen Aufsichtsperson (Gerhard Haase-Hindenberg) mit dem rüden Hinweis verhindert, es sei verboten, die Skulpturen anzufassen. Daraufhin rückt Richard Martha neben der Göttin in die entsprechende Pose und fängt an zu fotografieren. Als auch das vom Aufseher unterbunden wird, fragt Richard ihn, ob er denn nicht sehen könne, dass Martha die Sonnengöttin Akrotiri *sei?* Der Aufseher schaut verständnislos, vielleicht auch nur verunsichert, sagt, sie sollten doch machen, was sie wollten, und entfernt sich. Martha nutzt die Gelegenheit, um mit ihren Händen die physische Form der Göttin ausgiebig zu studieren. Dabei wechselt Thomes Kamera erstmals in dieser Szene von einer seitlichen Rückansicht der Skulptur zur frontalen Totalansicht, die sie und die der Kamera abgewandte Martha plötzlich – wie auf einem Gemälde Marthas – von einem knallroten Rechteck gerahmt vor der weißen Museumswand erscheinen lässt (Abb. 4.10).

## Am Strand von Santorini

Mit der Überfahrt auf die Insel Santorini beginnt der letzte und längste Teil des Films. „Der Elan des Menschen, der ihn zu den Inseln zieht, wiederholt die doppelte Bewegung, die auch die Inseln hervorbringt", schreibt Deleuze:

> Von den Inseln träumen, ob mit Angst oder mit Freude, heißt davon träumen, daß man sich trennt, bereits getrennt ist, fern von den Kontinenten, daß man allein und verloren ist – oder aber träumen, daß man wieder von Null anfängt, daß man neuerschafft, daß man von vorne anfängt. Es gab abgedriftete Inseln, aber die Insel ist auch das, wohin man driftet; und es gab

ursprüngliche Inseln, *aber die Insel ist auch der Ursprung*, der radikale, absolute Ursprung. [...] Unter bestimmten Voraussetzungen, die ihn mit der Bewegung der Dinge selbst verbinden, durchbricht der Mensch nicht die Einöde, er sakralisiert sie.[18]

Martha und Richard beziehen einen direkt in die Felsen über dem Meer gebauten, strahlend weißen Bungalow, dessen Besichtigung ausführlich gezeigt wird.[19] Die Szene nimmt das Thema des Zusammenwohnens wieder auf, das im Zentrum der ersten halben Stunde des Films stand. „This is our first home", sagt Martha, sobald der Vermieter sie verlassen hat und sie in ihrer neuen Behausung allein sind. Die archaischen Formen des Bungalows geben Martha recht: Nicht nur ragt er als „Cave House" wie eine Skulptur aus einer Landschaft, deren Teil er ist. Auch im Inneren verleiht ihm seine spartanische Einrichtung fast schon abstrakte Gestalt. Am prägnantesten tritt sie ganz am Ende der Szene hervor, wenn Martha und Richard sich auf einem ebenfalls weißen Bett küssen, dessen blaue Matratze wie ein dicker Farbstrich horizontal ins Bild schneidet (Abb. 4.11). Als Schauplatz erinnert der Bungalow an jenen „einfachen Raum zum Sitzen" mit lediglich „einem Tisch und Stuhl als Ausstattung" – die „Wand im Hintergrund würde weiß sein" und „nichts vom Geschehen ablenken" –, von dem Murnau geträumt hat, bevor er in die Südsee aufgebrochen ist, um TABU zu drehen.[20] In DIE SONNENGÖTTIN weist die neue Wohnstätte nicht nur Bezüge zu Marthas Malerei auf, sie suggeriert zahlreiche Korrespondenzen zu anderen Medien und Motiven, die bisher eine Rolle gespielt haben, bis hin zur klaren Faktur des Raumes, deren Ansichten mittels architektonischer Binnenrahmungen einen pronociert fotografisch-bildhaften Charakter annehmen.

Auf Santorini betreiben Martha und Richard ein ausgiebiges Kartenstudium, um den Strand ausfindig zu machen, an dem Marthas Vater vor 25 Jahren das Foto von ihr gemacht hat. Wie zuvor auf dem Friedhof wird das Geschehen damit als eine Aktivität entfaltet, die einen symbolisch-abstrakten Raum des geometrischen Wissens in eine Räumlichkeit subjektiver Erfahrung übersetzt. An die Stelle der statischen Totalität kartografischer Erfassung treten Bild, Bewegung und Erzählung als dynamische Beschreibungsformen der Aneignung einer vermeintlich fremden Lebenswelt.[21] Sobald der Strand gefunden ist (die mit seiner Entdeckung

---

18 Deleuze: Ursachen und Gründe der einsamen Inseln, S. 11f.
19 Zur Inszenierung von Raum und Dauer bei Thome vgl. Tobias Haupts: Verweilen. Rudolf Thome, die Poetik der Dauer und die bundesdeutsche Filmgeschichte der 1980er Jahre. In: Ders. (Hg.): *Rudolf Thome*. München 2018, S. 63–77.
20 Friedrich Wilhelm Murnau: Filme der Zukunft [1928]. In: Fred Gehler und Ullrich Kasten: *Friedrich Wilhelm Murnau*. Berlin 1990, S. 144–150, hier S. 146–147.
21 Ich beziehe mich hier auf Überlegungen, die Michel de Certeau zum Verhältnis zwischen „Wegstrecken und Karten" angestellt hat. Vgl. Certeau: *Kunst des Handelns*, S. 220–226. Zur

**Abb. 4.11:** Malerei der Liebe: Abstraktion und Konkretion.

wieder einsetzenden Synthesizer-Klänge auf der Tonspur lassen keinen Zweifel daran, dass es sich um den richtigen handelt), wird seine zuverlässig menschenleere, auf der einen Seite vom Meer, auf der anderen von kargen Felsen begrenzte Kieselfläche zum Hauptschauplatz des Films. In mehreren langen Szenen machen sich Martha und Richard daran, das Foto von damals nachzustellen. Bei ihrem ersten Besuch lieben sie sich zunächst im halbhohen Wasser (es ist die einzige „Sexszene" des Films), bevor sie mit der ersten Fotosession beginnen. Martha entkleidet sich, kniet in der seichten Brandung nieder und wird von Richard in die Sonnengöttin-Position gebracht, indem er ihre zum Himmel erhobenen Arme in die korrekte, zueinander leicht versetzte Haltung bringt. Anschließend umkreist er sie einmal und nimmt ihre Gebärde aus sechs verschiedenen Perspektiven auf. Man könnte sie mit Aby Warburg als Pathosformel beschreiben, als kodifizierte Form eines Gefühlsausdrucks, durch den über die *eloquentia corporis* Anschluss an ein kulturelles Bildergedächtnis hergestellt wird, das bis in mythische Ursprünge zurück- und an kosmische Zusammenhänge heranreicht.[22]

Abends in der Taverne, bevor sie zusammen Sirtaki tanzen, sagt er ihr, wenn er sie durch den Sucher seiner Kamera betrachte, könne er ihre Seele sehen: „It is almost as if I would make love to you." Und doch könne kein einzelnes Foto einfangen, was er da gesehen habe. Er wolle weitere Fotoserien von ihr machen,

---

Verwendung kartografischer Darstellungen im Film vgl. Tom Conley: *Cartographic Cinema*. Minneapolis und London 2007. Zum Verhältnis von kartografischer Darstellung und subjektiver Verkörperung vgl. Giuliana Bruno: *Atlas of Emotion. Journeys in Art, Architecture, and Film*. New York 2002, und Eileen Rositzka: *Cinematic Corpographies. Re-Mapping the War Film Through the Body*. Berlin und Boston 2018.

**22** Vgl. Kurt W. Forster: Pathosformel als Engramm. *Der Mnemosyne-Atlas*. In: Ders.: *Aby Warburgs Kulturwissenschaft. Ein Blick in die Abgründe der Bilder*. Berlin 2018, S. 159–180.

Abb. 4.12: Sonnenaufgang.

und die Aufnahmen wie in einem Triptychon in Beziehung zueinander setzen, die Zwischenräume zwischen den einzelnen Aufnahmen auflösen. Ohne dass der Filmkritiker das Wort aussprechen muss, steht der Gedanke, mit seiner Fotokamera einen Film zu machen, deutlich genug im Raum. Nähert sich Richard ab diesem Zeitpunkt, in dem, was er tut, dem bewunderten Filmregisseur Murnau an, begibt sich Martha mehr und mehr in die Rolle der Sonnengöttin. Am nächsten Morgen auf der Fahrt zum Strand berichtet sie Richard von einem Traum, in dem sie aus ihrem Palast entführt und – wie Reri in Murnaus TABU – den Göttern zum Opfer dargebracht werden sollte. Als sie am Strand im Gegenlicht der über dem Meer aufgehenden Sonne mit den Aufnahmen beginnen, beobachtet sie Thomes Kamera dabei in einer langen statischen Einstellung, die emblematisch Murnaus SUNRISE (SONNENAUFGANG, USA 1927) in Erinnerung ruft (Abb. 4.12).

Fühlt man sich nicht, wie Fritz Göttler, allein schon durch Richards Abreise aus New York „sofort an den jungen Hutter" aus Murnaus NOSFERATU (D 1922) erinnert, „der sich in aller Naivität aufmacht ins Reich der Phantome",[23] so bleibt

---

[23] Fritz Göttler: Vor dem Sündenfall. Rudolf Thomes Film DIE SONNENGÖTTIN. In: *Süddeutsche Zeitung* (30.12.1993).

**Abb. 4.13:** Körperbilder.

der visuelle Anklang an Murnaus ersten Hollywoodfilm der einzige Verweis auf einen anderen Murnau-Film jenseits von TABU.

Es folgt ein kurzer Einschub, in dem Richard in einem Café gegenüber dem Fotogeschäft, in dem er seine Filme entwickeln lässt, Bilder sortiert und beschriftet. Wie die Fotos, die Richard von der Sonnengöttin-Statue auf dem Friedhof gemacht hat, werden wir keines der Bilder, die er von Martha auf Santorini macht, je zu Gesicht bekommen. Schon in der nächsten Einstellung sind wir wieder zurück am Strand. Ein Lagerfeuer brennt, Richard, der von Malerei angeblich nichts versteht, zeichnet mit einem Lippenstift verschlungene Muster aus roten Linien auf Oberkörper und Gesicht der vor ihm auf dem Rücken liegenden Martha. „Maske, Tätowierung und Schminke legen auf dem Körper eine Sprache nieder, eine rätselhafte, verschlüsselte, geheime, heilige Sprache, die auf ebendiesen Körper die Gewalt Gottes, die stumme Macht des Heiligen oder heftiges Begehren herabrufen", behauptet Foucault: Sie „versetzen den Körper in einen anderen Raum, an einen anderen Ort, der nicht direkt zu dieser Welt gehört. Sie machen den Körper zu einem Teil des imaginären Raums, der mit der Welt der Götter oder mit der Welt der Anderen kommuniziert."[24] Sobald Richard fertig ist, erhebt sich Martha, nur mit einem blauen Schleier bedeckt, und beginnt zu einer aus dem Off erklingenden Jazzmusik mit rituellen Bewegungen, die in einen Tanz um das Feuer münden. Richard beobachtet sie dabei mit seiner auf einem Stativ angebrachten Fotokamera, der Thomes Filmkamera wie in einer Spiegelung direkt gegenübersteht (Abb. 4.13).

Nach einer kurzen Szene, in der Richard im Bungalow die Kerzen über dem Bett ausbläst und die Szenerie schlagartig vom Hellen ins Dunkle, von Weiß zu Schwarz wechselt, kehren wir ein letztes Mal an den Strand zurück. Er ist nun in

---

24 Foucault: Der utopische Körper, S. 31f.

**Abb. 4.14:** Mondlicht und Monochromie.

gleißenden Mondschein getaucht, der sich, in unzählige kleine Lichter zersplittert, auf der Meeresoberfläche spiegelt. Richard am Stativ und die einige Meter weiter rechts kniende Martha sind horizontal entlang der harten Kante positioniert, die in diesem monochromen Universum den schwarzen Strand vom weiß und blau glitzernden Meer trennt (Abb. 4.14).

Ein Bildeindruck wie bei einer viragierten Nachtaufnahme aus einem Stummfilm von Murnau. Anfangs gibt Richard in regelmäßigen Abständen Martha das Kommando, ihre Haltung zu wechseln. Dann beginnt sie zum gleichmäßigen Rhythmus der Wellen in einer unbekannten Sprache zu singen und sich dazu rhythmisch zu bewegen, ohne ihre kniende Position zu verlassen. Nach einem Ransprung entlang der Sichtachse konzentriert sich Thomes Kamera ungefähr nach der Hälfte der Zeit ganz auf Martha und ihre filigranen Handbewegungen, die – wie die Wellen den Mondschein – die steinerne Pose der Sonnengöttin in eine Vielzahl von Ausdrucksarabesken aufbrechen.

## Spielformen der Fantasietätigkeit

DIE SONNENGÖTTIN endet, wenn man so will, mit einer weiteren Wohnungsbesichtigung. Die letzte Szene, Richards und Marthas Besuch der von Archäologen freigelegten versunkenen Stadt Akrotiri, die sich auf der Insel Santorini befindet, bindet noch einmal zentrale Motive des Films zusammen. Der Hinweis der Fremdenführerin (Evi Barbuni) auf ein in einem der Häuser intakt erhaltenes Wandgemälde, mit dem die Szene beginnt, bringt einmal mehr die Malerei ins Spiel. Vor allem ist die Ruinenstadt als solche eine weitere Variation des Wechselspiels zwischen archaischer Natur und den in ihr verborgenen Formen sowie der Kopräsenz mythischer Vergangenheit und gelebter Gegenwart. Marthas Kommentar, als sie in der letzten Einstellung des Films mit Richard vor einem vergitterten Fenster steht, durch das er leicht vorgebeugt wie durch den Sucher seiner Kamera ins Hausinnere blickt (Abb. 4.15), spricht dann nur noch aus, was Thomes allegorische Bildsprache längst suggeriert hat: Vielleicht haben sie ja hier vor 3.000 Jahren gelebt. Er war der Bildhauer, der die Sonnengöttin geschaffen hat, sie, weil er sie so sehr liebte, sein Modell. Und jetzt, nach all der Zeit, liebten sie sich immer noch. Eine Fantasie, die sich mit der Antwort deckt, die Gilles Deleuze auf die von Geografen und Archäologen früherer Jahrhunderte so gern gestellte Frage, welche Wesen auf einsamen Inseln leben, als einzige für denkbar hielt: „Der Mensch, der sich selbst vorausgeht."[25]

Auch die Fantasietätigkeit, die aus Marthas Worten spricht und die Thomes Allegorie in den Zuschauern seines Films auslösen will, ist eine Tätigkeit. Es ist die Tätigkeit, in die alle anderen münden. Freud hat sie in Begriffe des Spiels gefasst, wenn er dessen Kern darin erkannte, die Fantasie so an die Realität anzulegen, dass im Alltagsleben gültige Regeln und Verhaltensformen aufgehoben würden.[26] Von NOSFERATU bis TABU hat Murnau aus dieser Infusion der gegenständlichen Wirklichkeit mit der Kraft der subjektiven Fantasie die singuläre Poesie seines Kinos entwickelt.

Neben dem Filmen erfüllten für Murnau dabei anfangs auch das Malen, später das Fotografieren wichtige Funktionen. In den achtzehn Monaten, die Murnau in der Südsee verbrachte, hat er nicht nur mit Robert Flaherty an verschiedenen Szenarien für TABU geschrieben und insgesamt etwa 17.500 Meter zusätzliches Filmmaterial produziert, das in seinem letzten, erst nach seinem Unfalltod uraufgeführten Spielfilm keine Verwendung fand.[27] Er war auch sein eigener Standfotograf und soll – neben etwa 200 stereoskopischen Bildern und vielen weiteren Privataufnahmen – über 500 Fotos von den Dreharbeiten gemacht

---

25 Deleuze: Ursachen und Gründe der einsamen Inseln, S. 12.
26 Vgl. Sigmund Freud: Der Dichter und das Phantasieren [1908]. In: Ders.: *Schriften zur Kunst und Literatur*. Frankfurt am Main 1987, S. 169–179, hier S. 171.
27 Vgl. Enno Patalas: TABU: Murnaus letzter Film. In: Hans Helmut Prinzler (Hg.): *Friedrich Wilhelm Murnau. Ein Melancholiker des Films*. Berlin 2003, S. 231–234.

## 4 Spiegelungen: Die Sonnengöttin

**Abb. 4.15:** Schlussbild aus DIE SONNENGÖTTIN.

haben.²⁸ Auch mit Blick auf den Fotografen Murnau lässt sich also mit einiger Berechtigung behaupten, dass Richard, in dem, was er auf Santorini tut, Murnau keineswegs vergessen hat, sondern ihm im Gegenteil weitaus nähergekommen ist als mit dem Buch, das er über ihn schreiben wollte. Womöglich sogar ähnlich nahe, wie Martha gestisch-spielerisch und körperlich-spirituell der Sonnengöttin. Zumal auch Murnau in der Südsee einer Liebe hinterhergereist ist: dem Maler Walter Spies, dessen farbenprächtig-expressiver Stil von Experten als archaisch anmutender magischer Realismus beschrieben wird.²⁹

---

**28** Vgl. Enno Patalas: Einleitung. In: Friedrich-Wilhelm-Murnau-Stiftung (Hg.): *Friedrich Wilhelm Murnau –Südseebilder. Texte, Fotos und der Film* TABU. Berlin 2005, S. 9–16, hier S. 10–11. Eine Auswahl der Privatfotografien Murnaus ist erschienen in: Guido Altendorf, Werner Sudendorf und Wolfgang Theis (Hg.): *Friedrich Wilhelm Murnau – Die privaten Fotografien 1926–1931. Berlin, Amerika, Südsee.* München 2013.
**29** Zu Spies und seinem Verhältnis zu Murnau vgl. John Stowell: *Walter Spies. A Life in Art.* Jakarta 2011, S. 49–62; Michael Schindhelm: *Walter Spies. Ein exotisches Leben.* München 2018, S. 53–77.

# 5 Taktungen: LOLA RENNT

> Eines ist jedenfalls sicher: Der menschliche Körper ist der Hauptakteur aller Utopien. [...] Der Körper ist der Nullpunkt der Welt, der Ort, an dem Wege und Räume sich kreuzen. Der Körper selbst ist nirgendwo. Er ist der kleine utopische Kern im Mittelpunkt der Welt, von dem ich ausgehe, von dem aus ich träume, spreche, fantasiere, die Dinge an ihrem Ort wahrnehme und auch durch die grenzenlose Macht der von mir erdachten Utopien negiere.[1]
> (Michel Foucault)

Nach dem Kinostart im August 1998 zeichnet sich schnell ab, dass LOLA RENNT der erhoffte und von seiner Produktionsfirma X Filme Creative Pool auch dringend benötigte Kassenerfolg werden würde.[2] Schon bald steht der Film synonym für die künstlerische Erneuerung des deutschen Films, international katapultiert er seinen Regisseur Tom Tykwer mit einem Schlag in die erste Riege der Protagonisten eines neuen europäischen Arthouse-Kinos, das formal innovativ und zugleich kommerziell erfolgreich ist.[3] Fast schon im Stile eines VJs orchestriert Tykwer eine kinetisch betörende *tour de force* durch Berlin: Von einem unermüdlich pumpenden Technobeat angetrieben, vollgepackt mit unerwarteten Wendungen und Verwicklungen, denen der stete Wechsel der medialen Register vom Video zum Polaroid, von knallbunter Animation zu körnigem Schwarzweiß wandelbare materielle Präsenz verleiht. An LOLA RENNT verblüfft vor allem, mit welchem Aufwand an ästhetischer Komplexität und narrativer Finesse eine relativ simple Geschichte erzählt wird: Lola rennt, weil sie innerhalb von zwanzig Minuten 100.000 DM auftreiben muss, um ihrem Freund Manni aus einer Patsche zu helfen, in die er durch seine Verbindungen zum organisierten Verbrechen geraten ist.

Die Erzähltechnik scheint hier nicht nur der Vermittlung des Erzählten zu dienen. Ihre Verfahren etablieren vielmehr einen Modus filmischer Wahrnehmung, in dem sich die Verhältnisse von linearer und zyklischer Zeit, Aktion und

---

[1] Michel Foucault: Der utopische Körper [1966]. In: Ders.: *Die Heterotopien / Der utopische Körper. Zwei Radiovorträge.* Berlin 2017, S. 23–36, hier S. 31 und 34.
[2] Vgl. Pierre Gras: Das Abenteuer X Filme. Lola, Lenin und der Führer. In: Ders.: *Good bye, Fassbinder! Der deutsche Kinofilm seit 1990.* Berlin 2014, S. 36–51.
[3] Vgl. Michael Töteberg: RUN LOLA RUN. Die Karriere eines Films. In: Ders. (Hg.): *Szenenwechsel. Momentaufnahmen des jungen deutschen Films.* Reinbek bei Hamburg 1999, S. 44–49; Ian Garwood: The *Autorenfilm* in Contemporary German Cinema. In: Tim Bergfelder, Erica Carter und Deniz Göktürk (Hg.): *The German Cinema Book.* London 2002, S. 202–210. Zu den Konturen eines neuen europäischen (Autoren-)Kinos nach 1990 vgl. Rosalind Galt: *The New European Cinema. Redrawing the Map.* New York 2006.

Kausalität, Bewegung und Stagnation über die zentralen Schaltstellen verkörperter Subjektivität, raumzeitlicher Intervalle und heterotopischer Erfahrung neu anordnen. Wie zu zeigen sein wird, führt LOLA RENNT eine Theorie, die, so avanciert sie auch argumentiert, hergebrachten narratologischen Kategorien verhaftet bleibt, an die Grenzen dessen, was mit ihr zu fassen ist. Mein Versuch einer gegenläufigen analytischen Bewegung durch Tykwers Film steht im Zeichen des Alternativvorschlags, die audiovisuelle Organisation seines raumzeitlichen Gefüges als eine spezifische Form affektiver Zuschaueradressierung zu verstehen.[4] Diese Bewegung operiert zwangsläufig entlang einer anderen theoretischen Matrix und verschiebt in ihrem Verlauf die Aufmerksamkeit von Kategorien filmischer Narration auf Konzepte Michel Foucaults und Henri Lefebvres: Foucaults Idee der ‚Grenzerfahrung' heterotopischer und heterochronischer Subjektivität sowie Lefebvres methodologisches Instrument der ‚Rhythmusanalyse'. Zwischen diesen Ansätzen bewegt sich meine Betrachtung von LOLA RENNT dabei nicht wie zwischen sich gegenseitig ausschließenden Logiken der ästhetischen Verfasstheit dieses Films. Vielmehr gilt es, sie im Zusammenspiel von räumlichen Schichtungen und zeitlichen Taktungen in einen Blick zu bekommen. Das verbindende Element im Zentrum dieses Blicks ist der Rhythmus, der LOLA RENNT seine unverwechselbare Signatur verleiht.

## Die Eröffnungssequenz

Aus narratologischer Perspektive ist die Kategorie Rhythmus so „auffällig" und „effektiv" wie sie „flüchtig" und damit nur schwer greifbar ist, besteht das Kernproblem in der Analyse narrativer Rhythmik doch in der Frage, „was als Maß für das Tempo der Präsentation anzusetzen" wäre.[5] Genau diese Frage nach dem richtigen Zeitmaß steht am Anfang von LOLA RENNT. Das erste Bild des Films zeigt ein gigantisches, von einer altertümlichen Standuhr herabhängendes, quer über die Leinwand schwingendes Pendel in Form eines Gesichts. Es ist das Gesicht von Chronos, dem Gott aller Zeitlichkeit. Am Ende der Einstellung, sobald das Pendel zum Stillstand gekommen ist, verschlingt er sein eigenes Bild (Abb. 5.1).

---

[4] Zu den filmtheoretischen Prämissen eines solchen Ansatzes vgl. grundlegend Jan-Hendrik Bakels: *Audiovisuelle Rhythmen. Filmmusik, Bewegungskomposition und die dynamische Affizierung des Zuschauers*. Berlin und Boston 2017.
[5] Mieke Bal: *Narratology. Introduction to the Theory of Narrative*. Toronto, Buffalo und London ²1997, S. 99 f. Diese und alle folgenden Übersetzungen von Zitaten aus dem Englischen stammen vom Autor.

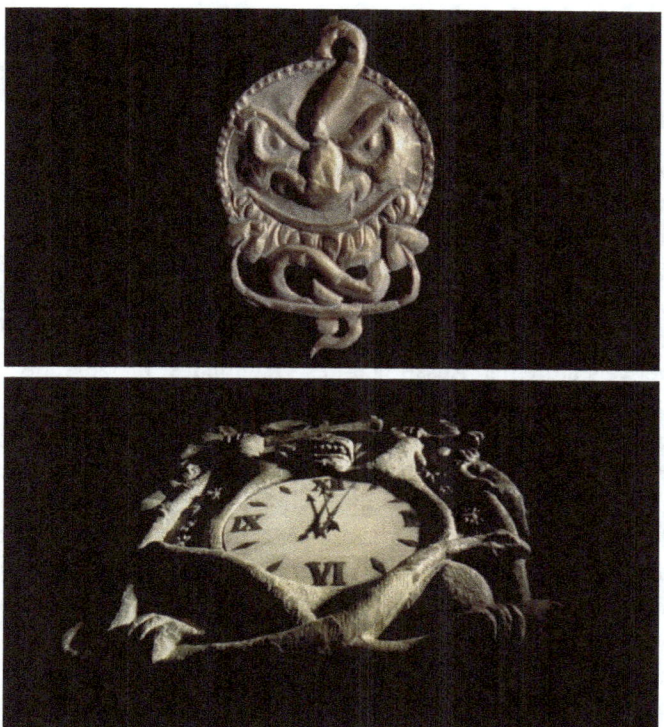

**Abb. 5.1:** Insignien der Zeitmessung: Pendel und Zifferblatt.

Aus dem Dunkel taucht ein mäanderndes Geflecht menschlicher Körper auf, dazu konfrontiert uns eine Stimme[6] mit einer Kaskade offener ontologisch-epistemologischer Fragen:

> Der Mensch, die wohl geheimnisvollste Spezies unseres Planeten. Ein Mysterium offener Fragen. Wer sind wir? Woher kommen wir? Wohin gehen wir? Woher wissen wir, was wir zu wissen glauben? Wieso glauben wir überhaupt etwas? Unzählige Fragen, die nach einer

---

[6] Es handelt sich dabei um die Stimme des bekannten Hörspiel- und Synchronsprechers Hans Paetsch, die damit als die eines „Märchenerzählers" unmittelbar kenntlich wird. Vgl. Winfried Pauleit: „They may run, but they can't hide". Das Utopische in Tom Tykwers Bewegungsbildern. In: *Ästhetik & Kommunikation* 117 (Sommer 2002), S. 75–82, hier S. 77. Zum Modus des Märchenhaften bei Tykwer vgl. Michael Wedel: Das Wunder von Wuppertal. Tom Tykwer, MIRACOLO A MILANO und das Märchenhafte. In: Regina Brückner, Bernhard Groß, Matthias Grotkopp und Eileen Rositzka (Hg.): *Im Verwandeln der Zeit. Reflexionen über filmische Bilder.* Berlin 2019, S. 13–24.

Antwort suchen. Einer Antwort, die wieder eine neue Frage aufwerfen wird, und die nächste Antwort wieder die nächste Frage und so weiter und so weiter. Doch ist es am Ende nicht immer wieder die gleiche Frage? Und immer wieder die gleiche Antwort?

Bereits mit den ersten Worten, die im Prolog von LOLA RENNT aus dem Off gesprochen werden, kündigt der Film an, worin sein zentrales Vorhaben besteht: narrative Kausalketten zu einem selbstreflexiv verschlungenen Geflecht multipler Zeitlichkeiten zu verweben. Ein weiterer philosophischer Denkanstoß, wenn auch eher pragmatischer Natur, folgt, wenn die Figur, die später in die Rolle des Wachmanns Schuster schlüpfen wird, feststellt: „Ball ist rund. Spiel dauert 90 Minuten. So viel ist schon mal klar. Alles andere ist Theorie. Und ab!"

In ihrem Rückverweis auf einen Ausspruch des – zumindest hierzulande – legendären Bundestrainers Sepp Herberger („Nach dem Spiel ist vor dem Spiel"), der dem ersten Bild des Films als Motto vorangestellt war, fungiert die Eröffnungssequenz nicht so sehr im Sinne der Exposition einer fiktionalen Erzählung, als dass sie die Regeln für ein Spiel bekannt gibt, zu dem das Publikum herzlich eingeladen ist. Zu den Vorgaben dieses Spiels gehören neben dem Herberger-Zitat auch T.S. Eliots berühmte Verse „Wir lassen nie vom Suchen ab, / und doch, am Ende allen unseren Suchens, / sind wir am Ausgangspunkt zurück / und werden diesen Ort zum ersten Mal erfassen."

Die Analogie zur Videospielästhetik liegt nahe. Sie wird in den ersten Minuten des Films mehrmals kraftvoll unterstrichen. Am deutlichsten vielleicht, wenn Lola in 360-Grad-Bewegungen von der Kamera umkreist wird und ihre mentale Selektion möglicher Kandidaten, von denen sie sich die nötige Summe in der kurzen Frist borgen könnte, in Schnappschüssen festgehalten ist. In ihrem Design und ihrer visuellen Choreografie erinnert diese Darstellungsform stark an das Einstiegsmenü eines Computerspiels, aus dem der Spieler seine Wahl zwischen mehreren Avataren treffen und sein fiktives Alter-Ego festlegen kann.[7] Auf ähnliche Weise vermittelt die animierte Titelsequenz den Eindruck einer subjektiven Perspektive, wie sie aus sogenannten Ego-Shooter-Spielen bekannt ist. Nicht zuletzt aber ist die „auffälligste Übereinstimmung mit der virtuellen Welt der Computerspiele im zentralen Erzählverfahren des Films, den drei Leben Lolas" zu erkennen.[8] Es ist hier nicht der Ort, den vielfältigen Anleihen, die LOLA RENNT bei

---

[7] Für eine detaillierte Betrachtung zirkulärer Kamerabewegungen in LOLA RENNT vgl. Volker Mergenthaler: Kreisfahrten. Überlegungen zum ästhetischen Potential eines filmischen „Stilmittels". In: *Zeitschrift für Ästhetik und Allgemeine Kunstwissenschaft* 51:2 (2006), S. 269–286, hier S. 278–283.

[8] Owen Evans: Tom Tykwer's RUN LOLA RUN. Postmodern, Posthuman or „Post-theory"? In: *Studies in European Cinema* 1:2 (2004), S. 105–115, hier S. 109.

der Videospielästhetik macht, ausführlich nachzugehen. Doch kann zumindest davon ausgegangen werden, dass diese für eine Einschätzung des Innovationsgehalts, den der Film im Rahmen der Gesamtkoordination diegetischer Raum- und Zeitverhältnisse in Erzählstruktur und Figurenkonzeption aufweist, einen wichtigen kulturellen Bezugspunkt darstellt.[9]

Abgesehen von den fließenden Übergängen zwischen fotografischem ‚Realfilm' und Animationssequenzen sowie dem steten Wechsel zwischen scharf und unscharf fokussiertem Material führen uns die ersten zehn Minuten von LOLA RENNT eine ganze Palette visueller Modalitäten und medialer Materialitäten unterschiedlicher ontologischer Provenienz vor Augen. Von einem Zeitsprung zum anderen verwandelt sich 35-mm-Film in grobkörniges Videomaterial, Farbe in monochromes Schwarzweiß, Normalgeschwindigkeit in Zeitlupe oder künstlich beschleunigte Bewegung. Man ist versucht, diese unterschiedlichen visuellen Ontologien mit der Darstellung verschiedener Zeitschichten (35 mm, Normalgeschwindigkeit, Farbe auf der Gegenwartsebene; Manipulation der Geschwindigkeit und Schwarzweiß für die Vergangenheit; Schnappschüsse in die Zukunft) und Realitätsebenen in Einklang zu bringen (auf denen Schwarzweißbilder und stillgestellte Schnappschüsse mentale Aktivitäten bzw. subjektive Erinnerungen oder Fantasien repräsentieren); oder sie gar als einen besonderen Modus der Fokalisierung von Figurenwahrnehmungen zu verstehen.[10] Wie man sie jedoch dreht und wendet, der Film insgesamt erscheint konsequent und konsistent allein darin, derart statische Bestimmungsversuche eines direkten Korrespondenzverhältnisses zwischen der Materialität des Referenten und dem Zeit- und Realitätsstatus des Referenzierten im weiteren Verlauf zunehmend zu erschweren und nachhaltig zu verwirren.

---

**9** Vgl. hierzu Margit Grieb: Run Lara Run. In: Geoff King und Tanya Krzywinska (Hg.): *Screenplay. Cinema / Videogames / Interfaces*. London und New York 2002, S. 171–184. Beim ‚opening shot' von LOLA RENNT, wenn der Wachmann Schuster einen Fußball in die Luft schießt, fühlt man sich unweigerlich an die polemische Bemerkung des Spielforschers Markku Eskelinen erinnert: „Zum Glück sind die Leute, jenseits der Theorie, für gewöhnlich sehr gut darin, zwischen narrativen Situationen und Spielsituationen zu unterscheiden: Wenn ich dir einen Ball zuwerfe, erwarte ich nicht, dass Du ihn fallenlässt und darauf wartest, dass er anfängt, Geschichten zu erzählen." Markku Eskelinen: Towards Computer Game Studies. In: Noah Wardrip-Fruin und Pat Harrigan (Hg.): *First Person. New Media as Story, Performance, and Game*. Cambridge, Mass. 2004, S. 36–44, hier S. 36.
**10** Vgl. z. B. Evans: Tom Tykwer's RUN LOLA RUN, S. 107 f.

## Drei Runden, zwei Übergänge

Wohl nicht zuletzt aufgrund der auf den Mikroebenen der Narration von LOLA RENNT herrschenden Unübersichtlichkeit haben sich die meisten Kommentare zum Film auf die narrative Makrokonstruktion konzentriert und ihr die Hauptverantwortung für seinen damaligen Publikumserfolg und bleibenden Kultwert zugeschrieben. Einige von ihnen entdeckten dabei hinter der scheinbaren Zeitschlaufenstruktur von Lolas drei Versuchen, das notwendige Geld aufzutreiben und Manni[11] damit vor Schlimmerem, womöglich gar dem Tod, zu bewahren, eine unheimliche Kontinuität:

> Lola rennt in drei experimentellen Anordnungen oder 20-Minuten-Runden – in ihrem Versuch, Kontinuität herzustellen. ‚Theoretisch' muss sie 100.000 DM auftreiben, um ihren Freund Manni zu retten, der, um sich bei Mitgliedern einer kriminellen Vereinigung zu beweisen, als Geldkurier arbeitet, das Geld jedoch in der Berliner U-Bahn liegen lässt. Und Lola rennt. Sie dreht drei 20-minütige Runden. Jede dieser Runden endet auf andere Weise, obwohl sie unterwegs den gleichen Körpern und Kräften begegnet; in diesem Spiel mit dem Schmetterlingseffekt noch so kleiner Zeitabweichungen führt jede Runde in eine andere virtuelle Zukunft. Das Spiel wird neu gestartet, erinnert sich aber an alles.[12]

Zufallsbegegnungen und die kleinsten Verzögerungen, die sie mit sich bringen, führen zu Kettenreaktionen, die jede Runde anders ausgehen lassen. Am Ende der ersten Runde wird Lola von einem Polizisten erschossen, nachdem sie zusammen mit Manni einen Supermarkt ausgeraubt hat. Am Ende der zweiten Runde trifft Lola pünktlich mit dem (aus einem Überfall auf die von ihrem Vater geleitete Bankfiliale stammenden) Geld am vereinbarten Treffpunkt ein, Manni jedoch wird vor ihren Augen von einem Rettungswagen überfahren, der zuvor mehrmals ihren Weg gekreuzt hat. Erst nach der dritten Runde, an dessen Ende sowohl Lola als auch Manni mit je 100.000 DM am Treffpunkt auftauchen, steht ihnen der Weg in ein neues Leben offen.

Zwischen den drei Episoden des Films sind zwei in monochromes Rot getauchte Zwischenspiele eingelassen, in denen wir Lola und Manni per Top-Shot von oben bei einem vertraulichen Gespräch im Bett zu sehen bekommen (Abb. 5.2). Diese Zwischenspiele am Übergang von einem Zyklus zum anderen heben sich nicht nur ästhetisch aus dem Rest des Films heraus. An ihrer ambivalenten Scharnierform lässt sich zudem nur schwer entscheiden, ob sie die Handlung tat-

---

[11] Der Name deutet sowohl auf das Problem, das sein Träger hat, wie auf dessen Lösung – ‚money' – hin.
[12] Jamie Sky Bianco: Techno-Cinema. In: *Comparative Literature Studies* 41:3 (2004), S. 377–403, hier S. 378.

**Abb. 5.2:** Zwischenspiel.

sächlich wieder zurück auf Anfang stellen oder nicht eher der Stiftung einer unheimlichen Kontinuität dienen, die über den Tod der beiden Protagonisten hinaus besteht.

Für David Bordwell, der LOLA RENNT als eines in einer ganzen Reihe von Beispielen sogenannter Gabelungs-Filme („*forking-path films*") untersucht hat, fungieren die rot getünchten Top-Shot-Szenen, in denen Lola und Manni über ihre Liebe meditieren, als zentrale „Abzweigstellen", die aus narratologischen Erwägungen heraus deutlich als solche markiert und daher auf die ein oder andere Weise akzentuiert und vom übrigen Geschehen isoliert werden müssen. Bordwell zufolge operieren sowohl der Umstand, dass „LOLA RENNT den Fall des knallroten Telefonhörers und ihren Lauf durch das Zimmer der Mutter, die Treppe runter und auf die Straße wiederholt", als auch die Tatsache, dass Tykwer vor jeder neuen Zukunft eine langsame, rotgefärbte Szene dazwischenschaltet, als „eine Art hellleuchtender ‚Reset'-Knopf, mit dem gewöhnlich Fragen des Timings hervorgehoben werden". So gesehen, entsprechen diese Sequenzen im Kontext der „ontologisch und epistemisch radikalen Möglichkeiten des Gabelungs-Films" als „zuschauerfreundliche Vorrichtung" – durch sie wird die narrative Gabelung gleichsam „ausgeschildert".[13]

Bordwell identifiziert insgesamt sieben Schlüsselkonventionen, auf die das Genre des Gabelungsfilms seiner Ansicht nach zurückgreift, um die möglichen

---

13 David Bordwell: Film Futures. In: *SubStance* 31:1 (2002), S. 88–104, hier S. 91 und 93f.

Zukunftsszenarien „unter Verwendung von Strategien, wie sie für bestimmte Traditionen filmischen Erzählens typisch sind, auf kognitiv kontrollierbare Dimensionen zurechtzustutzen". Dadurch würden existierende Normen erweitert und bereichert, jedoch ohne sie „zu untergraben oder zu sprengen".[14] Die erste dieser Konventionen besteht darin, dass die sich verzweigenden Pfade jeweils linear verlaufen, jeder von ihnen nach seiner Abzweigung einen direkten Kurs von Ursache und Wirkung einhält. Nicht jeder Moment gehe „gleichermaßen mit vielen Zukünften schwanger," führt Bordwell aus, einer von ihnen stelle sich als „weitaus folgenreicher heraus als andere, und diese Folgen leiten sich peinlich genau aus ihm ab": „Eine solche Linearität hilft dabei, die Plots verständlich zu machen, bringt sie doch zwei oder drei Geschichten hervor, die alternative, aber integrale Ereignisverläufe aufzeigen, sie im wahrsten Sinne des Wortes bebildern".[15]

Abgesehen von der bereits erwähnten zweiten Konvention, dass die Gabelung unmissverständlich ausgeschildert werden muss, sieht eine dritte vor, dass die Verzweigungen gewisse Überschneidungen aufweisen, quer zu den divergierenden Handlungssträngen etwa einzelne Figuren wieder auftauchen und gleichbleibende Umweltfaktoren vorherrschen sollten.[16] Bordwells vierte Bestimmung besagt, dass sich verzweigende Erzählungen von „traditionellen Kohäsionselementen" wie Verabredungen und Fristsetzungen zusammengehalten werden.[17] Die fünfte Konvention, dass gabelnde Pfade „oft parallel zueinander verlaufen", beruht auf der Beobachtung, dass zentrale Komponenten des Plots in jeder einzelnen Trajektorie als plastische Varianten der jeweils anderen erscheinen. Ein von Bordwell angesprochenes Beispiel für diese Konvention ist Lolas Fähigkeit, in jeder Episode von LOLA RENNT eine Figur ins Leben zurückzurufen: sich selbst in der ersten, Manni am Schluss der zweiten sowie den Sicherheitsbediensteten Schuster, den sie gegen Ende der dritten auf der Fahrt im Krankenwagen wiederbelebt.[18]

Aus seiner Bestimmung der sechsten Konvention – „Nicht alle Pfade sind gleich; der zuletzt gewählte setzt die anderen voraus" – leitet Bordwell ab, dass verzweigte Narrative dazu tendierten, das in einer Welt Kennengelernte als Grundbedingung für das später in einer anderen Gezeigte zu behandeln.[19] Als schlagenden Beleg für eine solche Art der gegenseitigen „Ansteckung" vonein-

---

14 Bordwell: Film Futures, S. 91.
15 Bordwell: Film Futures, S. 92.
16 Bordwell: Film Futures, S. 94 f.
17 Bordwell: Film Futures, S. 95.
18 Vgl. Bordwell: Film Futures, S. 96 f.
19 Bordwell: Film Futures, S. 98.

ander abzweigender Erzählpfade verweist er auf jene Momente in LOLA RENNT, in denen deutlich wird, dass Lola von einer Episode zur anderen lernt, die immense Kraft ihrer Stimme immer besser zu kontrollieren, bis sie schließlich in der dritten Episode im Spielkasino dazu in der Lage ist, „kalkuliert einen weiteren Schrei auszustoßen, und er dieses Mal nicht nur Glas zerbersten lässt, sondern die Kugel in die richtige Aussparung der Gewinnerzahl lenkt". Es sei, so Bordwells Schlussfolgerung, als hätte sie zu „zähmen" gelernt, was ursprünglich reiner Ausdruck ihrer Verzweiflung gewesen war, den sie nun zu ihren Zwecken einzusetzen versteht.[20]

Die siebente und letzte von Bordwell identifizierte Schlüsselkonvention wird von ihm wie folgt zusammengefasst: „Nicht alle Pfade sind gleich; der zuletzt gewählte, oder komplett zurückgelegte, ist der am wenigsten hypothetische."[21] Die Konvention basiere einerseits auf dem aus der Psychologie bekannten „Rezenzeffekt", der stets „die zuletzt gesehene Zukunft" privilegiere. Andererseits beruhe sie jedoch insofern auf den beiden zuvor erzählten, als die finale Zukunftsversion als Konsequenz der vorhergehenden erscheine. Wenn aber „die letzte von uns erlebte Zukunft durch ihre Integration der Lehren, die aus einer vorhergehenden gezogen wurden, diesen gegenüber privilegiert ist", liegt die Schlussfolgerung nicht fern, dass diese „*forking-path plots*" treffender als „*multiple-draft narratives*" zu beschreiben wären, bei denen sich stets „die letzte Version als die vollständigste, befriedigendste Revision präsentiert".[22] Bordwell räumt ein, dass wichtige Unterschiede zwischen den von ihm herangezogenen Filmen unbeachtet bleiben müssen, um zu einem einigermaßen konsistenten Satz von Genrekonventionen zu gelangen. Zu den Ebenen, auf denen sich die einzelnen Filme zum Teil deutlich voneinander unterscheiden, gehören, wie er selbst zugibt, erhebliche Differenzen im Rhythmus und im Sounddesign. Auf diesen Ebenen liegen (Klang-)Welten zwischen dem hektischen „techno rush" von LOLA RENNT und der „besonnenen, philosophischen Schrittfrequenz" eines Films wie PRZYPADEK (DER ZUFALL MÖGLICHERWEISE, Polen 1987, Regie: Krzysztof Kieślowski).[23]

So lassen sich gegen Bordwells Bündel an Konventionen mit Blick auf LOLA RENNT eine ganze Reihe von Einwänden erheben, zumindest aber scheinen komplementäre Perspektiven möglich und wohl auch notwendig. Aus einer solchen Perspektive erscheint zum Beispiel die Zeitstruktur der einzelnen Episoden bzw. Trajektorien des Films keineswegs strikt zirkulär angelegt, wenn man die

---

20 Bordwell: Film Futures, S. 99.
21 Bordwell: Film Futures, S. 100.
22 Bordwell: Film Futures, S. 102.
23 Bordwell: Film Futures, S. 102.

**Abb. 5.3:** Entsicherung der Waffe.

vielen anderen Stellen bedenkt, an denen wir es mit Momenten der Einsicht und Erinnerung zu tun haben, die quer zum linearen Zeitverlauf der einzelnen Episoden zu stehen scheinen. So lernt Lola im Verlauf der drei Durchgänge nicht nur, ihr markerschütterndes und glaszertrümmerndes Schreien zu ihren Zwecken einzusetzen. Sie kann während des Banküberfalls in der zweiten Episode auch intuitiv auf ein Wissen im Umgang mit dem Entsicherungsmechanismus ihrer Schusswaffe zurückgreifen, das sie sich mit Mannis Hilfe in der ersten Episode angeeignet hat (Abb. 5.3).

Dass der Augenblick, in dem sie sich daran erinnert, wie der Mechanismus zu bedienen ist, nicht nur in Bezug auf Lola, sondern auch für den Zuschauer einen Erkenntnismoment von besonderer Tragweite darstellt, wird durch die ungewöhnlich ausgedehnten Großaufnahmen ihres Gesichts und ihrer Waffe filmisch explizit. Darüber hinaus sind die Zeitstrukturen jeder einzelnen Episode bereits derart kompliziert in sich verwickelt – auf unterschiedlichen Ebenen perforiert und punktiert von Diskontinuitätsmarkern wie Jump Cuts, Inserts von Schnappschüssen, Binnenwiederholungen von Bewegungsmustern, Zeitlupen- und Zeitrafferpassagen –, dass es kaum sinnvoll erscheint, wie Bordwell in seiner ersten Definition schlicht davon zu sprechen, jeder einzelne Pfad sei strikt „linear" organisiert.[24] Wenn überhaupt davon die Rede sein kann, dass in LOLA

---

[24] Der Begriff der Linearität, auf den sich Bordwell hier bezieht, scheint insofern auf die Folge von Ereignissen im Rahmen der Fabelkonstruktion beschränkt und die Dimension ihrer tat-

RENNT sich verzweigende Pfade jeweils linear verlaufen und einen direkten Kurs von Ursache und Wirkung einhalten, so hat das seinen Grund weniger in einer internen Linearisierung der Erzählzeit als in einem Konzept von filmischem Raum und filmischer Zeit, das in seinem Kern von Bewegung und Rhythmik geprägt ist und entlang linearer oder chronologischer Zeitvorstellungen nicht hinreichend erfasst werden kann.

Es bietet sich somit an, Bordwells Set an Konventionen und deren Geltungsanspruch für LOLA RENNT mit Blick auf den filmischen Rhythmus und die Tongestaltung des Films zu überprüfen. Im Folgenden soll daher danach gefragt werden, wie Musik und Toneffekte an der Hervorbringung einer womöglich ganz anders gearteten, weitaus verzwickteren und in sich widersprüchlichen Zeitstruktur extremer Rhythmikalität beteiligt sind, die vor allem auf zwei Ebenen operiert: erstens der Spannung zwischen einem unablässigen linearen Vorwärtsdrang auf der einen und Wiederholungsmustern und Zeitschleifen auf der anderen Seite; zweitens der Orchestrierung und Modulation von singulären Klangereignissen – im Sinne eines akustischen *punctum* – und Schallintervallen in der Zeit.

## Das musikalische Rückgrat

LOLA RENNT setzt mit dem Ticken einer Uhr ein, noch bevor das erste Bild des Films zu sehen ist – ist es das Bild der Uhr, die bereits zu hören war, oder ist es eine andere Uhr? Auf jeden Fall ist es der gleichmäßige Rhythmus der Zeit – allerdings nicht unbedingt einer chronologischen –, mit dem die Handlung des Films in Bewegung versetzt wird. Genauer gesagt: Der Film beginnt mit der Veranschaulichung eines Rhythmuskonzepts, das aufgespalten ist zwischen schwingendem Pendel und gotischer Wanduhr. Mit diesen beiden Emblemen der Zeitlichkeit ist das grundlegende Spannungsverhältnis hergestellt, das im weiteren Verlauf entfaltet wird: zwischen dem rhythmischen Maß einer linearen, chronologischen Zeit, dem repetitiven Rhythmus einer zyklischen bzw. geloopten Zeit (der Pendelbewegung) und dem Ereignis des einzelnen Beats (dem zeitlichen *punctum*).

Die Dimensionen dieser dreifach geteilten Zeitlichkeit stehen unter einer Spannung, die das zentrale Strukturprinzip darstellt, mit dem die akustische und visuelle Organisation des Films durchwirkt ist. Seine Keimzelle lässt sich in

---

sächlichen textuellen Artikulation auszuschließen. Zur Interaktion beider Ebenen bei der Schaffung (bzw. Unterwanderung) einer „doppelten Linearität" vgl. Bal: *Narratology*, S. 81–99.

der visuellen Dynamik erkennen, die, nach Tykwers eigener Aussage, schon dem Ursprungsbild von LOLA RENNT inhärent war:

> Ich komme immer vom Bild – ich bin so stark kinosozialisiert, daß ich nie aus einer Idee die Geschichte für ein Bild generiere. Sondern ich hatte seit Ewigkeiten ein Bild im Kopf, das Bild einer Frau mit feuerroten Haaren, die verzweifelt und entschlossen rennt und rennt und rennt. Dieses Bild ist Kino: Bewegung und Emotion, kein anderes Medium kann das so transportieren. Ich brauchte eine ganz einfache Ausgangssituation, die erst einmal eine Dynamik freisetzt. Man gibt dieser Dynamik ab und zu einen Anstoß in eine bestimmte Richtung, und daraus entwickelt sich etwas völlig Unerwartetes.[25]

In der konkreten Modulation seines Urbildes „einer Frau mit feuerroten Haaren, die verzweifelt und entschlossen rennt und rennt und rennt", greift Tykwers Film vor allem auf drei grafische Formen zurück: den *Punkt* bzw. *Fleck* (z. B. die kreisförmigen Zifferblätter der vielen Uhren, die man zu sehen bekommt; der zu Beginn des Films in die Luft geschossene Ball; geografisch aber auch der Ort, an dem Manni auf Lola wartet); das *Gitter* bzw. *Raster* (z. B. die von den Uhrzeigern durchmessene Zeitskala oder die urbanen architektonischen Muster, Verzierungen und Ornamente, die Lola auf ihrem Weg zu Manni passiert); und die *Spirale* (z. B. das Schild des Nachtclubs, der auch schon so heißt; das Muster auf den Kissen, auf denen die Köpfe von Lola und Manni in den rotgefärbten Top-Shots ruhen; Lolas Ohrring; der Dutt der Frau auf dem an jenes aus Hitchcocks VERTIGO [USA 1958] erinnernde Gemälde im Spielkasino).

In ihrer figuralen Artikulation übersetzt und transponiert die visuelle Gestaltung von LOLA RENNT auf diese Weise die Spannung zwischen narrativer Linearität und Zirkularität in ein übergeordnetes, dicht geflochtenes Netz an Mustern, Motiven und Metaphern, die strukturell ein enges Korrespondenzverhältnis zu den abstrakten Kategorien musikalischer Zeit und der Rhythmikalität akustischer Ereignisse unterhalten (Abb. 5.4).

Im Ergebnis bildet sich im Verlauf des Films ein Strukturmuster raumzeitlicher Anordnung heraus, das nicht nur parallel zur Erzählebene operiert, sondern die innere narrativ-zeitliche Fortschrittslogik des gesamten Films – und jeder seiner Episoden – erfasst und umfasst, einhüllt und durchflutet. Vor diesem Hintergrund erscheint die Techno-Musik in LOLA RENNT mit ihrem Backbeat-Rhythmus als ein Element, das den Erlebnisfokus (wie auch die analytische Perspektive) von einer Zeithaftigkeit abrückt bzw. de-zentriert, die allein über den

---

[25] Ein romantisch-philosophischer ActionLiebesExperimentalThriller. Tom Tykwer im Gespräch mit Michael Töteberg. In: Michael Töteberg (Hg.): *Lola rennt. Das Buch zum Film*. Reinbek bei Hamburg 1998, S. 129–142, hier S. 129.

**Abb. 5.4:** Gitter, Punkt, Spirale.

Kausalzusammenhang des Erzählfortschritts definiert ist. Der Techno-Beat von LOLA RENNT erfüllt diese Funktion auf ähnliche, nur weitaus radikalere Weise wie Popmusik im Film allgemein:

> Das Verhältnis von Popmusik und Zeit muss als eines der direkten Affizierung verstanden werden: Popmusik spannt die Zeit für sich ein und artikuliert sie. Sie macht Zeit konkret, indem sie reale oder erfahrene Zeit in regulierte musikalische Zeit konvertiert. Eine der zentralen Attraktionen und nicht zuletzt auch eine der primären Verwendungen von Popmusik – das Tanzen – bezeugt die musikalische Artikulation von Zeit, vor allem durch den Rhythmus und seine Beziehung zum menschlichen Körper. Der Beat ist in der Popmusik zum „Backbeat" formalisiert und davon gekennzeichnet, dass das Schlagzeug einen emphatischen Akzent auf dem zweiten und vierten Beat eines Takts vorgibt. Genau darin besteht das musikalische und zeitliche Rückgrat.[26]

Dass der musikalische Backbeat in LOLA RENNT Zeit nicht nur zugunsten eines permanenten Vorwärtsdrangs reguliert, hat Caryl Flinn in ihrer detaillierten Analyse der musikalischen Orchestrierung des Films gezeigt. Einerseits ist Techno, rein formal betrachtet, für Tykwers Film „die perfekte, wenn auch etwas offensichtliche Wahl", da man mit ihm als Tanzmusik „unmittelbar eine hochgradig tempogeladen physische Bewegung verbindet", die „Techno-Tracks eng mit der Betriebsamkeit des Films verknüpft sind" und „die musikalischen Beats dem Film viel von seinem Rhythmus und Tempo, seiner Montage und Energie vorgeben". Auf der anderen Seite betont Flinn mit dem gleichen Nachdruck, dass „Techno im Unterschied zur traditionellen tonalen Musik über keinen eindeutigen Anfang, keine klaren Entwicklungsmuster oder Schlusswendungen verfügt" – „unveränderlich und energetisch" wie er sei, sei Techno endlos „repetitiv, ohne stillzustehen". Als ein musikalisches Idiom und ästhetisches Zeitmaß, das als linear vorwärtstreibende Kraft fungiert, die jede Bewegung vektorisiert und eine pulsierende Energie freisetzt, zugleich aber eine hochgradig „repetitiv strukturierte Form darstellt, die nach Beats pro Minute organisiert ist", erscheinen die „zusammengedrängten, hypnotischen Beats, sequenzierten Loops und harmonisierte Stabilität" des Techno tatsächlich als „perfekte Begleitung" einer filmischen Artikulation der Zeit, deren ultimatives Ziel darin besteht, lineare und zyklische Zeitmuster in einer gemeinsamen Logik des Rhythmus zu synthetisieren. In diesem Bemühen moduliere LOLA RENNT sogar das Geräusch des Herzschlags in die Klangkulisse eines seiner Teile.[27]

---

[26] Kevin J. Donnelly: *The Spectre of Sound. Music in Film and Television*. London 2005, S. 28.
[27] Caryl Flinn: The Music That Lola Ran To. In: Nora M. Alter und Lutz Koepnick (Hg.): *Sound Matters. Essays on the Acoustics of Modern German Culture*. New York und Oxford 2004, S. 197–213, hier S. 202.

Wie Caryl Flinn ebenfalls feststellt, ändert sich die Musik in LOLA RENNT – von wenigen beachtenswerten Ausnahmen abgesehen – den gesamten Film über kaum einmal auf signifikante Weise. Sie mag von Moll in Dur übergehen oder in der dritten Episode zunehmend den Eindruck formaler Konsistenz vermitteln, diese Umschichtungen und Verlagerungen bewegen sich jedoch überwiegend im Bereich subtiler Modulationen: „Die Texturen verschieben sich, der ihnen zugrunde liegende Beat bleibt unverändert."[28] Auf diese Weise spiegelt sich auch in der musikalischen Struktur die dialektische Spannung zwischen Linearität und Zirkularität, die im Zentrum des Films steht. Unter der Herrschaft des Rhythmus verbindet sich der inhärente Vorwärtsdrang des Techno – „Musik mit einem Ziel", wie Flinn schreibt[29] – mit der Abwesenheit eines klaren Anfangs und Endes. Unaufhörliche, stets wiederkehrende Modulationen des immer gleichen Beats treten an die Stelle einer geordneten Abfolge des Nummernprinzips, wie sie für die traditionelle Filmmusik charakteristisch ist, sei es in Form klassischer Leitmotivik oder in der für Musikvideo-Kanäle und -Plattformen typischen Gestalt des seriellen Wechsels leicht identifizierbarer Songs und Melodien.

## Einheit im Gegensatz

Das vom Techno-Soundtrack in LOLA RENNT etablierte Gefüge lässt sich mit Henri Lefebvre als „dialektische Wechselbeziehung" verschiedener raumzeitlicher Logiken denken, die er als „Einheit im Gegensatz" bezeichnet.[30] Innerhalb dieser widersprüchlichen Einheit „führen Zeit und Raum, das Zyklische und das Lineare reziproke Aktionen durch: sie messen sich aneinander; sie bringen sich selbst hervor und machen sich zum messenden Maß des jeweils anderen; alles ist zyklische Repetition mittels linearer Wiederholungen".[31]

Tatsächlich stellt Lefebvres Verfahren der „Rhythmusanalyse" ein nützliches Modell bereit, wenn es um die Konzeptualisierung einer solchen Verflechtung unterschiedlicher Zeitlichkeiten geht, bei der eine Zeitdimension die jeweils an-

---

28 Flinn: The Music That Lola Ran To, S. 202.
29 Flinn: The Music That Lola Ran To, S. 204.
30 „Das Lineare, also […] die Sukzession, besteht aus hin- und zurückführenden Reisen: Es verbindet sich mit dem Zyklischen, den Bewegungen langer Intervalle. Das Zyklische ist soziale Organisation, die sich selbst manifestiert. Das Lineare ist der tägliche Trott, die Routine, also das Fortwährende, das sich aus Zufällen und Begegnungen zusammensetzt." Henri Lefebvre: *Rhythmanalysis. Space, Time and Everyday Life.* London und New York 2004, S. 30.
31 Lefebvre: *Rhythmanalysis*, S. 8.

dere hervorbringt und sie zugleich in Frage stellt.[32] Für Lefebvre bildet das Konzept des Rhythmus den Schlüssel für ein Verständnis der Zeit, insbesondere nichtlinearer Zeitlichkeiten wie die Wiederholung. Seinen heuristischen Rahmen findet sein rhythmusanalytisches Projekt in den Alltagstätigkeiten des modernen Großstadtlebens und der Orchestrierung von Bewegungen im urbanen Raum, der Kollision von biologischen und sozialen Zeitmaßstäben, der rhythmischen Konstitution und Koordination unserer Körper und den Rhythmen, die von der Gesellschaft produziert werden. Auch nach Abschluss seiner früheren Untersuchungen zu Formen der Raumorganisation und insbesondere urbaner Umgebungen in *Die Revolution der Städte* (1970), *Die Produktion des Raumes* (1974) und seiner dreibändigen *Kritik des Alltagslebens* (1977–1981) ist die Frage nach den Spielräumen des Körpers unter den Bedingungen des Kapitalismus für Lefebvre bis in sein spätes rhythmusanalytisches Projekt hinein ein zentrales Anliegen geblieben. Weder die Analyse einzelner Rhythmen noch das rhythmusanalytische Projekt als solches hätte, wie er schreibt, den Körper jemals aus dem Blick verloren.[33] In dieser Hinsicht vergleichbar mit Foucault, figuriert auch bei Lefebvre der Körper als Kontaktpunkt in einem Feld, auf dem das Soziale auf das Biologische trifft, die Operationen natürlicher und physiologischer Rhythmen mit den Taktungen mechanischer Maschinen koexistieren und interferieren. In der komplexen Erfahrungswirklichkeit der modernen Gegenstandswelt dient der Körper dem menschlichen Subjekt als Metronom.[34]

Schon in den späten 1920er Jahren hat Lefebvre gegen die seinerzeit dominante Theoretisierung der Zeit entlang von Henri Bergsons Begriff der *durée*

---

32 Lefebvre selbst hatte mit seinem Entwurf einer „Rhythmusanalyse" nicht weniger als die Erschließung eines „neuen Wissensgebiets" (Lefebvre: *Rhythmanalysis*, S. 3) im Sinn. In etwas weniger grellem Licht betrachtet, bietet sie doch immerhin eine alternative Terminologie und Methodologie, um die raumzeitliche Organisation komplexer kultureller Systeme zu beschreiben. Verstanden als methodisches Instrument mit praktischen Ambitionen, verzichtet die Rhythmusanalyse darauf, „ein Objekt, oder ein Subjekt, oder eine Relation" zu isolieren. Vielmehr versucht sie, „eine mobile, aber determinierte Komplexität in ihrer Bewegtheit zu erfassen" (Lefebvre: *Rhythmanalysis*, S. 12).
33 Lefebvre: *Rhythmanalysis*, S. 67.
34 Foucault: Der utopische Körper, S. 31 ff.; Lefebvre: *Rhythmanalysis*, S. 19. In einer reflexiven methodischen Wendung, die einmal mehr an Foucaults Revision der Subjekt/Objekt-Beziehung etwa in *Überwachen und Strafen* [1975] erinnert, zieht Lefebvre den Körper nicht nur als vorrangigen Untersuchungsgegenstand in Betracht, sondern auch als dasjenige, von dem bis zu einem gewissen Grad der Analysemodus selbst bestimmt wird. Zumindest impliziert dies der Neologismus einer „Rhythmusanalyse", die mehr sein will als lediglich eine Analyse von Rhythmen. Vgl. Lefebvre: *Rhythmanalysis*, S. 19–26.

(Dauer) aufbegehrt und mit der Ausarbeitung einer „Theorie der Momente"[35] begonnen. In Lefebvres Verständnis schließt der einzelne Zeitpunkt als potenziell unkalkulierbares, kritisches Moment virtueller Offenheit, als kleinste kontingente Einheit situierter Widerständigkeit sowohl die Differenz zwischen linearer und zyklischer Zeitlichkeit in sich ein als auch den Unterschied zwischen technisch definierter Gebrauchszeit und der gelebten Zeit menschlicher Erfahrung.

Wichtigste Inspirationsquelle für Lefebvres Zeitbegriff ist die Musik, die seiner Vorstellung nach in Bezug auf drei grundlegende Konzepte theoretisch gefasst werden kann: die *Melodie* als lineare Sequenz von Tönen in zeitlicher Abfolge; die *Harmonie* als simultanes Ineinanderklingen von Tönen; sowie, allen voran, den *Rhythmus* als der Platzierung der Töne und ihrer relativen Länge zueinander. Damit wäre der Zeitpunkt des einzelnen Beats als konzentrischer Moment der musikalischen Maßgabe bestimmt, aus der sich die Verhältnismäßigkeiten von Wandel und Wiederholung, Identität und Differenz, Kontrast und Kontinuität ergeben.

Nach Lefebvres Verständnis des Begriffs ist Rhythmus nicht zu verwechseln „mit Bewegung [*mouvement*], Geschwindigkeit, einem Ablauf von Bewegungen [*gestes*] oder einer Reihe von Objekten (z. B. Maschinen)".[36] Rhythmus wird von ihm ganz allgemein als etwas gefasst, das überall entsteht, „wo ein Zusammenspiel zwischen einem Ort, einer Zeit und einem Energieaufwand" stattfindet.[37] Diese allgemeine Bestimmung gestattet es ihm, eine Reihe von Unterkategorien als integrale Bestandteile der Analyse rhythmischer Dynamiken festzulegen: die Wiederholung (von Bewegungen, Gesten, Aktionen, Situationen, Differenzen); die Überlagerung linear und zyklisch ablaufender Prozesse; Geburt, Wachstum, Scheitelpunkt, Verfall und Ende. Im Rhythmus gehen das Repetitive und das Differenzielle Hand in Hand, wie Lefebvre erklärt.[38] Das sei so, weil

---

35 Henri Lefebvre: *Kritik des Alltagslebens*. Kronberg/Ts. 1977, S. 176–194. Seine Definition lautet: „Als ‚Moment' bezeichnen wir *jeden Versuch zur totalen Verwirklichung einer Möglichkeit. Die Möglichkeit zeigt sich; sie gibt sich zu erkennen; sie ist bestimmt und folglich partiell*" (S. 184).
36 Lefebvre: *Kritik des Alltagslebens*, S. 5.
37 Lefebvre: *Kritik des Alltagslebens*, S. 15.
38 Lefebvre: *Kritik des Alltagslebens*, S. 6. „Kein Rhythmus ohne Wiederholung in Zeit und Raum, ohne Reprisen, ohne Rückkünfte, kurz: ohne Maß [*mesure*]. Es gibt jedoch keine identische, absolute Wiederholung auf unbestimmte Zeit. Daher die Relation zwischen Wiederholung und Differenz. [...] Es ist nicht nur so, dass Wiederholung Differenzen keineswegs ausschließt, sie bringt sie auch hervor; sie *stellt sie her*. Früher oder später stößt sie auf das *Ereignis*, das eintritt oder eher eigentlich erst in Relation zu der durch Wiederholung produzierten Folge oder Serie auftaucht. Mit anderen Worten: Differenz." (Lefebvre: *Kritik des Alltagslebens*, S. 6 f.)

*Rhythmus* in sich *quantitative* Aspekte und Elemente vereinigt, welche die jeweilige Zeit anzeigen und in ihr einzelne Momente unterscheidbar machen, – und *qualitative* Aspekte und Elemente, die die Momente miteinander verbinden, die Einheiten stiften und aus ihnen resultieren. Rhythmus erscheint als regulierte Zeit, die von rationalen Gesetzmäßigkeiten gesteuert wird, aber mit dem am wenigsten Rationalen in einem menschlichen Wesen in Kontakt steht: dem Gelebten, dem Fleischlichen, dem Körper.[39]

Rhythmen sprengen die Grenzen des Logischen, sie besitzen aber auch eine Logik, „ein mögliches Kalkül aus Nummern und numerischen Relationen", da „wir nur in Relation zu anderen Rhythmen wissen können, ob ein Rhythmus langsam oder lebhaft ist".[40]

Auch wenn an dieser Stelle eine ganze Reihe von Implikationen, die Lefebvres rhythmusanalytisches Projekt mit sich bringt, beiseite gelassen werden müssen (etwa die wichtige Unterscheidung zwischen „Präsenz" und dem „Präsenten"[41]), so lässt es sich doch heranziehen, um einen Zugriff auf die verwickelte raumzeitliche Organisation von LOLA RENNT zu erhalten. Anstelle mit Bordwell die kognitiven Aspekte des narrativen Nachvollzugs und in diesem Zusammenhang das Fortbestehen einer kaschierten Linearität als wesentliches Merkmal und grundlegendes Strukturprinzip des Films in den Vordergrund zu rücken, sensibilisiert Lefebvres Ansatz für jene Dimensionen von Raum, Zeit und subjektiver Erfahrung, die uns die radikal rhythmisierten Wiederholungs- und Intervallstrukturen des Films eröffnen. Lefebvres analytische Kategorien erlauben es, über die Erzählebene hinaus die Komposition der drei divergierenden Zukunftsszenarien in ihren Wiederholungsmustern einzelner Momente zu erkennen und die rhythmische Struktur als komplementäres Organisationsprinzip der filmischen Konstruktion in den Blick zu nehmen.

An die Stelle – oder zumindest an die Seite – einer horizontalen Einteilung des Films entlang von Plot Points oder einer Reihe narrativer Gabelungen tritt nun die Möglichkeit, ihn gleichsam vertikal nach rhythmisch wiederkehrenden Ereignissen als hervorstechende Markierungen des Erzählprozesses zu gliedern: Lolas schrille Schreie, ihre Begegnungen mit einer Gruppe von Nonnen, dem

---

39 Lefebvre: *Kritik des Alltagslebens*, S. 9.
40 Lefebvre: *Kritik des Alltagslebens*, S. 10 f.
41 „Wir müssen unermüdlich auf die Unterscheidung (Gegensatz) zwischen Präsenz und dem Präsenten zurückkommen. [...] Das Präsente simuliert Präsenz und führt Simulation (das Simulakrum) in die gesellschaftliche Praxis ein. Das Präsente (Repräsentation) möbliert und besetzt die Zeit, indem es gelebtes Leben simuliert und dissimuliert. In der Moderne ersetzt das Imaginäre die Sakralisierung der Zeit und deren Okkupation durch Riten und feierliche Gesten; erfolgreich fabriziert es das Alltägliche, schleust es ein und verschafft ihm Akzeptanz." (Lefebvre: *Kritik des Alltagslebens*, S. 47)

Stadtstreicher, dem Krankenwagen, das Vorüberfahren der S-Bahn, das Gespräch mit ihrem Vater und seiner Geliebten usw. Auf der Makroebene des Films ist jeder der drei Verzweigungspunkte zeitlich eingefasst in das Intervall, das der Telefonhörer benötigt, um zurück auf die Gabel zu fallen. Auf mehreren parallelen und sich vielfach überlappenden Ebenen eröffnet jeder neue Moment, exakt getaktet und präzise mit anderen synchronisiert, ein anderes Intervall, einen differenziellen Zwischenraum aus Bewegungen und Gesten, Aktionen und Situationen. An den Polen dieser alternativen Maßeinheiten, mit denen sich der Film in Ereignisse, Rhythmen und Intervalle zergliedern lässt, zeichnen sich zwei Zeithorizonte ab: Zum einen ist dies der Horizont des Makrointervalls, das der Film selbst ist. Oder zumindest dessen fiktionales Universum: Schließlich geschieht alles, was wir innerhalb der diegetischen Welt – sofern sich in Bezug auf LOLA RENNT überhaupt von einer solchen sprechen lässt – zu sehen und zu hören bekommen, während des nie geschlossenen Intervalls ab, das der Wachmann mit seinem Schuss des Fußballs geöffnet hat. Am anderen Ende des Spektrums stehen die Polaroid-Schnappschüsse und Standbilder als kleinstmögliche Einheiten kinematografischer Zeitdarstellung. Zwischen diesen beiden Extremen entfaltet sich das kinetische Erlebnis von LOLA RENNT als ein permanentes Modulieren, Alternieren und Interferieren unterschiedlicher Frequenzen und Geschwindigkeiten.

Für Tykwer selbst war dabei „völlig klar": „Ein Film über die Möglichkeiten des Lebens [...] muß auch ein Film über die Möglichkeiten des Kinos sein. Deswegen gibt es in LOLA RENNT verschiedene Formate, es gibt Farbe und Schwarzweiß, Zeitlupe und Zeitraffer, also alle elementaren Bausteine, die in der Filmgeschichte immer schon benutzt wurden."[42] Wie Lutz Koepnick gezeigt hat, ist es nicht zuletzt die radikal heterogene Materialität am Grund des Erzähldiskurses in Tykwers „filmischen Ruminationen", durch die sich deren Modus der Zuschaueradressierung in seiner historischen Kontingenz zu verstehen gibt. Eröffnet sie doch

> einen fragmentierten Bildraum in der Gegenwart, in dessen Risse und Diskontinuitäten wir die Möglichkeit einer sinnhaften Narration wieder einfügen können, hier verstanden als eine ergebnisoffene Aktivität, die es uns erlaubt, durch die Stiftung von Zusammenhängen – Verbindungen zwischen Menschen, Gegenständen, Orten und unterschiedlichen Zeitlichkeiten – einen Sinn für das aleatorische und transitorische Wesen historischer Zeit zurückzugewinnen.[43]

---

42 Ein romantisch-philosophischer ActionLiebesExperimentalThriller, S. 131.
43 Lutz Koepnick: Photographs and Memories. In: *South Central Review* 21:1 (2004), S. 94–129, hier S. 127.

## Ein Drama der Platzierung

Es lassen sich mindestens drei Themenkomplexe in LOLA RENNT ausmachen, an denen der Film die Kontingenz seiner historischen Zeit und des von ihm inszenierten historischen Raums als aleatorisch und transitorisch reflektiert. Abgesehen vom Kampf zwischen Liebe und Kapitalismus – zwei zentralen thematischen Anliegen des Films –, bildet Berlin den ultimativen Horizont von LOLA RENNT, sowohl mit Blick auf das dargestellte Geschehen als auch im Sinne eines soziokulturellen Milieus, in das der Film ästhetisch interveniert.

Es ist in diesem Zusammenhang oft angemerkt worden, dass Tykwers Darstellung von Berlin extrem widersprüchlich ist.[44] Wenngleich, wie an einer Stelle vermerkt wird, „der Film voller Bilder und Erinnerungen an vergangene und gegenwärtige Teilungen und Trennungen ist, wie sie in Deutschland und insbesondere im Nachwende-Berlin weiterhin existieren", komme den meisten identifizierbaren Orten wie etwa dem Gendarmenmarkt oder der Friedrichstraße, dekontextualisiert und de-territorialisiert wie sie seien, lediglich „symbolische Funktion" zu.[45] Berlin ist zwar immer noch deutlich erkennbar, LOLA RENNT vermeidet es jedoch bewusst, die Route seiner Protagonistin an den typischen Touristenattraktionen der Stadt entlangzuführen. Stattdessen inszeniert der Film einen abstrakten oder virtuellen urbanen Raum, in dem es vorkommen kann, dass Lola um eine Ecke läuft und, von einer Einstellung zur anderen, von der Potsdamer Straße in Kreuzberg nach Unter den Linden in Mitte versetzt wird. Die Beliebigkeit sprachlicher Bezeichnungen wie die von Straßenschildern ist nicht zufällig auch ausschlaggebend in der Plotkonstruktion des Films, darauf hat Winfried Pauleit hingewiesen. So sei die „Existenz der fünf Grunewaldstraßen Berlins [...] der entscheidende Punkt im Plot, der Grund dafür, daß sich Lola und Manni bei ihrer Verabredung verfehlt haben, und es ist dieser Moment des Verpassens, der im anfänglichen Telefongespräch rekonstruiert wird". Pauleit zieht aus dieser Beobachtung den Schluss, dass sich der Wirklichkeitsbezug des Films nur über den Umweg einer „Virtualität im umfassenden etymologischen Wortsinne einer innewohnende[n] Kraft und Möglichkeit" erschließen lässt. Sie lade weniger dazu ein, dem Film die historische Wirklichkeit des Jahres 1998 abzulesen, als dazu, „den Möglichkeitsraum der Berliner Republik neu zu bestimmen".[46] An einer Stelle des Films schafft es Tykwer sogar, mit einem einzigen

---

44 Vgl. hierzu insbesondere die ausführliche Diskussion bei Brigitta B. Wagner: *Berlin Replayed. Cinema and Urban Nostalgia in the Postwall Era*. Minneapolis und London 2015, S. 189–213.
45 Karin Hamm-Ehsani: Screening Modern Berlin. Lola Runs to the Beat of a New Urban Symphony. In: *Seminar. A Journal of Germanic Studies* 40:1 (Februar 2004), S. 50–65, hier S. 53.
46 Pauleit: „They may run, but they can't hide", S. 78f.

**Abb. 5.5:** Diskontinuierliche Kontinuität.

Gegenschuss ein Straßenschild der „Friedrichstraße" in eines der „Behrenstraße" zu verwandeln (Abb. 5.5).

Warum aber strebt Tykwer überhaupt danach, Berlin mithilfe derartiger Kuleschow-Effekte „so unkenntlich wie möglich zu machen"?[47] Caryl Flinn hat diese Frage mit der Vermutung beantwortet, dass die offensichtliche Heterogenität der städtischen Umgebungen, in denen sich die Handlung abspielt, als

---

47 Flinn: The Music That Lola Ran To, S. 208.

Herausforderung bzw. Einladung an das Publikum zu verstehen sei, in ein weiteres Spiel einzusteigen, bei dem es darum geht, Schauplätze zu erraten.⁴⁸ Andere deuten den Umstand, dass Berlin in LOLA RENNT zu einem „irgendwie unwesentlichen, generischen urbanen Ort"⁴⁹ wird, als strategische Konzession eines Films, der ein internationales Publikum ansprechen will. Wiederum andere sind der Auffassung, es spiele am Ende überhaupt keine nennenswerte Rolle, dass Lolas Laufstrecke durch verschiedene Bezirke im Osten und Westen Berlins derart unzusammenhängend anmutet und die Schauplätze bunt gemischt erscheinen, da die Vitalität und Energie des Films viel eher mit der Risikobereitschaft und dem Wagnis der Selbstfindung seiner Protagonistin zu tun hätten als mit der Konstruktion bzw. Dekonstruktion eines historisch und topografisch lokalisierbaren urbanen Raums.⁵⁰

So plausibel diese Erklärungen sein mögen, sie unterschätzen die Funktion, die der (De-)Konstruktion der urbanen Umgebung im Rahmen der Gesamtkonzeption des Films zukommt, wenn sie übersehen, wie intensiv die vielen Diskontinuitäten und Inkongruenzen in der Darstellung Berlins mit der äußerst fragmentierten, virtuellen und paradoxen ästhetischen Disposition korrespondieren, die LOLA RENNT insgesamt auszeichnet. Tatsächlich arbeitet die filmisch durcheinandergewirbelte Topografie der Stadt Hand in Hand mit ihrer diskontinuierlichen rhythmischen Orchestrierung an einer Darstellung Berlins, das sich am Übergangspunkt zwischen einem „nicht mehr" und einem „noch nicht" befindet.⁵¹ Der Film scheint Berlin daher gezielt in eine Heterotopie zu verwandeln, um sich die überwältigende Fülle der rhythmischen Orchestrierung dieser Metropole zu den eigenen ästhetischen Zwecken nutzbar zu machen. Michel Foucault beschreibt Heterotopien als

> reale, wirkliche, zum institutionellen Bereich der Gesellschaft gehörige Orte, die gleichsam Gegenorte darstellen, tatsächlich verwirklichte Utopien, in denen die realen Orte, all die anderen realen Orte, die man in der Kultur finden kann, zugleich repräsentiert, in Frage

---

48 Flinn: The Music That Lola Ran To, S. 208.
49 Flinn: The Music That Lola Ran To, S. 208.
50 Vgl. Wagner: *Berlin Replayed*, S. 201.
51 Vgl. Heidi Schlipphacke: Melodrama's Other. Entrapment and Escape in the Films of Tom Tykwer. In: *Camera Obscura* 21:2 (2006), S. 108–143, hier S. 135. Lefebvre zufolge gehört die rhythmische Orchestrierung einer Stadt zu den komplexesten Erscheinungen, die man sich vorstellen kann: „die Musik der Stadt, eine Szene, die sich selbst lauscht, eine Vorstellung von der Gegenwart einer diskontinuierlichen Summe. [...] Keine Kamera, kein Bild und keine Serie von Bildern vermag diese Rhythmen zu zeigen." (Lefebvre: *Rhythmanalysis*, S. 36)

gestellt und ins Gegenteil verkehrt werden. Es sind gleichsam Orte, die außerhalb aller Orte liegen, obwohl sie sich durchaus lokalisieren lassen.[52]

Im Rahmen seiner Bemühung um die Begründung eines systematischen Beschreibungsmodells unterschiedlichster Heterotopien – ein epistemologisches Unterfangen, das er „Heterotopologie"[53] taufte – machte Foucault „zwei Hauptgruppen"[54] aus: „Krisenheterotopien" und „Abweichungsheterotopien".[55] Eine „Krisenheterotopie" ist eine Heterotopie, die zwar keine exakten geografischen Koordinaten hat, sich aber dennoch weiterhin in Kultur und Gesellschaft verorten lässt: ein „Irgendwo" und „Anderswo", „solchen Menschen vorbehalten [...], welche sich im Verhältnis zu der Gesellschaft oder dem Milieu, in denen sie leben, in einem Krisenzustand befinden".[56] Zu den Menschen, die Foucault hier im Sinn hat, wäre zweifellos auch die Figur der Lola zu zählen, deren persönliche Krise sowohl auf die Gesellschaft (Kapitalismus) als auch auf das Milieu bezogen ist, in dem sie lebt (ihre Familie, ihr Freund).

Foucaults zweite Hauptgruppe der „Abweichungsheterotopien" umfasst „Orte, an denen man Menschen unterbringt, deren Verhalten vom Durchschnitt oder von der geforderten Norm abweicht".[57] Auch hier könnte sich Lola ange-

---

[52] Michel Foucault: Von anderen Räumen [1967]. In: Jörg Dünne und Stephan Günzel (Hg.): *Raumtheorie. Grundlagentexte aus Philosophie und Kulturwissenschaften*. Frankfurt am Main ⁸2015, S. 317–329, hier S. 320. In diesem Essay, der aus einem 1967 vor dem „Cercle d'études architecturales" gehaltenen Vortrag hervorgegangen und erstmals 1984 in der Reihe „Architecture, mouvement, continuité" erschienen ist, charakterisiert Foucault das Raumkonzept des Mittelalters als eines der Lokalisierung, das der Moderne nach Galileo als eines der Ausdehnung und das damals (zur Zeit des Strukturalismus) zeitgenössische als eines der Lage oder Platzierung, die bestimmt wird „durch Nachbarschaftsbeziehungen zwischen Punkten oder Elementen, die man formal als mathematische Reihen, Bäume oder Gitter beschreiben kann" (Foucault: Von anderen Räumen, S. 318). An anderer Stelle im gleichen Essay führt er weiter aus: „Wir leben nicht in einer Leere, die verschiedene Farben annähme. Wir leben vielmehr innerhalb einer Menge von Relationen, die Orte definieren, welche sich nicht aufeinander reduzieren und einander absolut nicht überlagern lassen." (Foucault: Von anderen Räumen, S. 319f.) Anstatt den Versuch zu unternehmen, im umfassenden Sinne „die Relationsmenge [zu] beschreiben, die Durchgangsorte wie Straßen oder Eisenbahnzüge definiert", interessierte sich Foucault besonders für jene beiden Sorten von Räumen, die „in Beziehung mit allen anderen Orten [...] stehen, aber so, dass sie alle Beziehungen, die durch sie bezeichnet, in ihnen gespiegelt und über sie der Reflexion zugänglich gemacht werden, suspendieren, neutralisieren oder in ihr Gegenteil verkehren" (Foucault: Von anderen Räumen, S. 320): Utopien und Heterotopien.
[53] Foucault: Von anderen Räumen, S. 321.
[54] Foucault: Von anderen Räumen, S. 321.
[55] Foucault: Von anderen Räumen, S. 321f.
[56] Foucault: Von anderen Räumen, S. 322.
[57] Foucault: Von anderen Räumen, S. 322.

sprochen fühlen, insofern ihre punkartige Erscheinung und ihr radikal transgressives Benehmen im Widerspruch stehen zu den normativen Vorgaben nicht nur ihrer Familie, sondern auch der herrschenden Gesellschaftsordnung insgesamt, bis hinab zu den Sicherheitsvorschriften, Verkehrs- und Verhaltensregeln, die in einer Großstadt wie Berlin gelten.[58]

Drei der von Foucault etablierten allgemeinen Grundsätze erscheinen in Bezug auf LOLA RENNT besonders relevant: Dass Heterotopien „die Fähigkeit [besitzen], mehrere reale Räume, mehrere Orte, die eigentlich nicht miteinander verträglich sind, an einem einzigen Ort nebeneinander zu stellen",[59] entspricht der topografischen Ruckartigkeit und den vielen diskontinuierlichen Sprüngen zwischen den einzelnen Einstellungen in LOLA RENNT. Einem weiteren Grundsatz zufolge stehen Heterotopien meist „in Verbindung mit zeitlichen Brüchen [*découpages du temps*], das heißt, sie haben Bezug zu Heterochronien, wie man aus rein symmetrischen Gründen sagen könnte. Eine Heterotopie beginnt erst dann voll zu funktionieren, wenn die Menschen einen absoluten Bruch mit der traditionellen Zeit vollzogen haben."[60] In eine Konstellation mit Tykwers Film gerückt, wirft dieser Grundsatz ein Licht auf die existenzielle Krise oder, in Foucault'scher Terminologie, die Intensität der „Grenzerfahrung",[61] der sich nicht nur

---

**58** In dieser Hinsicht lässt sich mit Heidi Schlipphacke die Erzähllogik von LOLA RENNT als ebenso dialektisch zwischen den beiden Polen von „entrapment" und „escape" aufgespannt verstehen, wie sie es auch in anderen Filmen Tykwers ist. Vgl. Schlipphacke: Melodrama's Other, S. 109.
**59** Foucault: Von anderen Räumen, S. 324.
**60** Foucault: Von anderen Räumen, S. 324.
**61** In seiner Charakterisierung der Grenzerfahrung hebt Foucault deren transgressive Qualität heraus. Zur Beschreibung des Akts der Überschreitung im Kern der Grenzerfahrung greift er dabei genau auf diejenigen Metaphern der Spiralbewegung und des Lichtblitzes zurück, wie sie sich auch in LOLA RENNT so prominent in Szene gesetzt wiederfinden: „Die Überschreitung ist eine Geste, die es mit der Grenze zu tun hat; an dieser schmalen Linie leuchtet der Blitz ihres Übergangs auf, aber vielleicht auch ihre ganze Flugbahn und ihr Ursprung. Vielleicht ist der Punkt ihres Übertritts ihr gesamter Raum. Die Spielregeln der Grenzen und der Überschreitung sind von einer einfachen Hartnäckigkeit: die Überschreitung durchkreuzt immer wieder eine Linie, die sich alsbald in einer gedächtnislosen Woge wieder schließt, um von neuem an den Horizont des Unüberschreitbaren zurückzuweichen. [...] Die Überschreitung verhält sich also zur Grenze nicht wie das Schwarze zum Weißen, das Verbotene zum Erlaubten, das Äußere zum Inneren, das Ausgeschlossene zum geschützten Heim. Sie ist [in Form einer Spirale] in sie eingebohrt und kann nicht einfach abgelöst werden. In der Nacht, die dem von ihr Verneinten seit jeher ein dichtes und dunkles Sein gibt, erleuchtet sie vielleicht etwas wie ein Blitz von innen und von Grund auf [...]." Michel Foucault: Vorrede zur Überschreitung [1963]. In: Ders.: *Von der Subversion des Wissens*. Hg. v. Walter Seitter. Frankfurt am Main [5]2000, S. 28–45, hier S. 31f. Für eine ausführliche Diskussion von Foucaults Begriff der Grenzerfahrung und seiner Beziehung zur ästhetischen Er-

Lola, sondern nahezu jede Figur des Films ausgesetzt sieht, mit tiefgreifenden Auswirkungen auf ihre gewohnten Zeithorizonte und Lebensrhythmen. Nicht zuletzt verweist uns der Grundsatz, Heterotopien setzten „stets ein System der Öffnung und Abschließung voraus, das sie isoliert und zugleich den Zugang zu ihnen ermöglicht",[62] auf die diversen Rhythmen und Zeitintervalle, in die sowohl LOLA RENNT als auch die Stadt, die der Film dar- bzw. entstellt, auf so mitreißende und zugleich paradoxe Weise organisiert sind.

Foucaults Begriff der Heterotopie bietet nicht nur ein Modell zum Verständnis des fragmentarischen und diskontinuierlichen Eindrucks, den LOLA RENNT von Berlin vermittelt. Er weist zudem zahlreiche Korrespondenzen mit der dialektischen Aufhebung des Gegensatzes zwischen linearer und zyklischer Zeit in Lefebvres Konzept des Rhythmus' auf. Vor diesem Hintergrund erscheint Lolas Dilemma, ihre „Lage" im Foucault'schen Sinne, als ein Drama der „Platzierung": Eingeschlossen in einer diskontinuierlichen virtuellen Umgebung, gefangen in einer flüchtigen und trügerischen Welt voller Überraschungen und Zufallsbegegnungen, kann sie ihr Ziel nur erreichen, wenn sie zur rechten Zeit am rechten Ort ist – ein Spiel, das sich nur gewinnen lässt, wenn sie es schafft, sich mit der Vielzahl an Rhythmen um sie herum zu synchronisieren.[63]

## Rücksetzungen und Zwischenspiele

Wenn die filmische Konstruktion Berlins – einschließlich aller zeitlichen und räumlichen Intervalle, die Lola auf ihrem Weg zur Rettung Mannis zu durchqueren hat – sich als eine wesentlich heterotopische und heterochronische verstehen lässt, dann entsprechen die rot gefärbten Momente (oder Intervalle) mit Lola und Manni im Bett, in denen das Liebespaar vorübergehend zu „skulpturaler Immobilität"[64] gerinnt, Foucaults Beschreibung der Utopie:

---

fahrung vgl. Martin Jay: *Songs of Experience. Modern American and European Variations on a Universal Theme.* Berkeley, Los Angeles und London 2005, S. 390–400.
62 Foucault: Von anderen Räumen, S. 325.
63 Zum „Prozeß des Platzierens bzw. Plaziert-Werdens" an einem konkreten Ort vgl. aus soziologischer Perspektive Martina Löw: *Raumsoziologie* [2001]. Frankfurt am Main 2007, S. 198: „Orte entstehen durch Platzierungen, sind aber nicht mit der Platzierung identisch, da Orte über einen gewissen Zeitabschnitt hinweg auch ohne das Platzierte bzw. nur durch die symbolische Wirkung der Platzierung erhalten bleiben. [...] Das Platzieren kann eine einmalige Handlung sein, sie kann aber auch fixierte Gebilde wie Häuser oder Ortsschilder hervorbringen."
64 Lefebvre: *Rhythmanalysis*, S. 31.

> Utopien sind Orte ohne realen Ort. Es sind Orte, die in einem allgemeinen, direkten oder entgegengesetzten Analogieverhältnis zum realen Raum der Gesellschaft stehen. Sie sind entweder das vervollkommnete Bild oder das Gegenbild der Gesellschaft, aber in jedem Fall sind Utopien ihrem Wesen nach zutiefst irreale Räume.[65]

In LOLA RENNT sind dies auch seltene Momente ohne Musik, in denen der akustische Rhythmus allein vom Dialog der beiden bereitgestellt wird. Diese Szenen fungieren nicht nur als Sprungbretter für alternative Zukunftsentwürfe (im narrativen Sinne) oder (aus rhythmusanalytischer Sicht) als autonome rhythmische Intervalle im Gesamtgefüge des Films; in der Logik des Films bilden sie darüber hinaus Brücken oder Kontaktzonen zwischen Leben und Tod. In dieser Hinsicht gleichen sie jenem rätselhaften ortlosen Ort, von dem Foucault spricht, markieren einen utopischen Punkt (den Foucault mit einem Spiegel vergleicht), an dem eine „gemeinsame, gemeinschaftliche Erfahrung"[66] möglich ist. Und tatsächlich scheinen Lola und Manni in diesen Szenen wie in einer Spiegelung gleichzeitig ‚hier' und ‚dort' zu sein, im Bett und auf der Straße:

> Im Spiegel sehe ich mich dort, wo ich nicht bin, in einem irrealen Raum, der virtuell hinter der Oberfläche des Spiegels liegt. Ich bin, wo ich nicht bin, gleichsam ein Schatten, der mich erst sichtbar für mich selbst macht und der es mir erlaubt, mich dort zu betrachten, wo ich gar nicht bin: die Utopie des Spiegels. Aber zugleich handelt es sich um eine Heterotopie, insofern der Spiegel wirklich existiert und gewissermaßen eine Rückwirkung auf den Ort ausübt, an dem ich mich befinde.[67]

Nicht nur aus strikt narratologischer Perspektive scheint es daher gerechtfertigt, den utopischen Intervallen in LOLA RENNT einen „Rücksetzungseffekt" zuzuschreiben, sind sie doch weit mehr als nur „eine Art hervorgehobene ‚Rückstelltaste', mit der gewöhnlich Aspekte des Timings hervorgehoben werden".[68] Sie stecken für Lola und Manni einen utopischen Raum ab, in dem die beiden in der Welt sein können und diese Welt zugleich transzendieren. In ihrer reflexiven Dimension dienen sie (einmal mehr) dazu, den erzählten Raum der diegetischen Handlung auf den Raum der filmischen Wahrnehmung hin zu öffnen: Durch ihre außergewöhnliche formale Beschaffenheit mit Blick auf die Kameraperspektive, Kadrierung, Farbgebung und akustische Textur, aber auch im Hinblick auf den direkt in Richtung Kamera gesprochenen Dialog bezeichnen die Intervalle zwischen den Zyklen stark akzentuierte Momente, in denen der filmische Diskurs sich

---

65 Foucault: Von anderen Räumen, S. 320.
66 Foucault: Von anderen Räumen, S. 321.
67 Foucault: Von anderen Räumen, S. 321.
68 Bordwell: Film Futures, S. 94.

gleichsam umstülpt und den Protagonisten ebenso wie dem Publikum Gelegenheit zur Revision und Kontemplation gibt.[69] Im letzten Teil von *Ada oder Das Verlangen* lässt Vladimir Nabokov, selbst ein Meister der literarischen Konstruktion solcher Umschlagmomente, seine Erzählerfigur Ivan (Van) Veen ein Buch über die „Textur der Zeit" schreiben und die Möglichkeiten, sie in ihrer ganzen Reinheit zu erfahren, aus der Dauer eines Intervalls entfalten: „Vielleicht ist das einzige, was auf ein Zeitempfinden hindeutet, der Rhythmus; nicht die sich wiederholenden Schläge des Rhythmus, sondern die Lücke zwischen ihnen, die graue Lücke zwischen zwei schwarzen Schlägen: das Zarte Intervall."[70]

## Spiralen der Historizität

LOLA RENNT speist sich aus der ästhetischen Grundspannung zwischen sequenziell auf der Ebene des Erzählten angeordneten Ereignissen und der Aufhebung von Linearität in der filmischen Artikulation raumzeitlicher Verhältnisse. Dies lässt sich an der Tongestaltung des Films ebenso zeigen wie an wiederkehrenden visuellen Motiven oder dem dialektischen Wechselspiel zwischen den zielgerichteten Handlungen der Protagonisten und den Rhythmen der urbanen Umgebung, durch die sie sich bewegen. Mit Blick auf seine Poetik der filmischen Suspendierung linearer Kausalität sind Deutungsansätze des Films aus unterschiedlichen Perspektiven zu ganz ähnlichen Schlüssen gelangt: Die einen verstehen sie als Indiz für das Hervortreten einer mythisch ‚verräumlichten' Zeit, die Tykwers Film von seiner konkreten Gegenwartsrealität wie überhaupt jedem präzise bestimmbaren historischen Ort in die Sphäre eines modernen Märchens entrückt. Andere verbuchen diese Absetzbewegung als Kennzeichen für die Zugehörigkeit des Films zum Diskurs der Postmoderne.[71]

---

[69] Insofern lassen sie sich mit Deleuze auch als ästhetische Konstruktionen eines „beliebigen Raums" beschreiben: „Ein beliebiger Raum ist keine abstrakte Universalie jenseits von Zeit und Raum. Es ist ein einzelner, einzigartiger Raum, der nur die Homogenität eingebüßt hat, das heißt das Prinzip seiner metrischen Verhältnisse oder des Zusammenhalts seiner Teile, so daß eine unendliche Vielfalt von Anschlüssen möglich wird. Es ist ein Raum virtueller Verbindung, der als ein bloßer Ort des Möglichen gefaßt wird." Gilles Deleuze: *Das Bewegungsbild. Kino 1* [1983]. Frankfurt am Main 1997, S. 153.
[70] Vladimir Nabokov: *Ada oder Das Verlangen. Eine Familienchronik* [1969]. (= Gesammelte Werke, Bd. XI, hg. v. Dieter E. Zimmer.) Reinbek bei Hamburg 2010, S. 753.
[71] Für die erste Sichtweise vgl. z. B. Guido Rings: Zum Gesellschaftsbild zweier zeitgenössischer Märchen. Emotionale und kognitive Leitmotive in Tykwers LOLA RENNT und Jeunets LE FABULEUX DESTIN D'AMÉLIE POULAIN. *Fabula* 46:3–4 (2005), S. 198–216; für die zweite z. B. Bianco: Techno-Cinema; Evans: Tom Tykwer's RUN LOLA RUN. Eine einschlägige jüngere Diskussion des Topos von

Insofern die radikale Modularisierung der Narration in LOLA RENNT „die Erzählung, wie die Diegese, verräumlicht"[72] und damit buchstäblich vielfältige Spielräume für Rück- und Vorausblenden, Zeitschleifen und -sprünge eröffnet, weist der Film aber auch einige zentrale Merkmale neobarocker Filmästhetik auf, wie sie Sean Cubitt für das Kino der Jahrtausendwende geltend gemacht hat. Im neobarocken Film diene die erzählte Geschichte lediglich noch dazu, „die Koinzidenzen und Zufallstreffer offenzulegen, die uns eine spezifische Version der Geschichte anbieten, und auf die Kasuistik aufmerksam zu machen, mit der die Manipulation der Erzählelemente irgendeine Art von Kausalität vortäuscht".[73] Wie Lola werden die Heldinnen und Helden neobarocker Filme „aller Kausalketten jenseits von schierem Glück oder Unglück" beraubt; die Aufgabe (die sich in dieser Hinsicht nicht von der des Publikums unterscheidet) besteht lediglich noch darin, „ihre Position in einem Gespinst von Ereignissen zu verstehen, um ihr Ziel zu erreichen".[74] Das zu erreichende Ziel existiert allerdings immer schon als „die Auflösung des Rätsels der von ihnen bewohnten Welt. Persönliches Schicksal fällt mit der Vorbestimmtheit einer hegelianischen Welt zusammen, deren Aufgabe es ist, sich selbst zu verstehen."[75]

Eine solche Verortung von LOLA RENNT innerhalb übergreifender Trends des internationalen Films erscheint durchaus plausibel. Auf den Mikroebenen der filmischen Artikulation lassen sich aber wiederum signifikante Differenzen ausmachen. Cubitt geht davon aus, dass die „unendlich kleine Umformung von Dauer in Extension" eine „Mikroanordnung von Zeit als Raum" hervorbringt, welche die Filme auf ein „fraktales Chaos" hin öffnet und die Grundsubstanz eines in sich abgeschlossenen diegetischen Universums bildet, das von jeder Verbindung zur ‚wirklichen Welt' abgekoppelt ist.[76] In Tykwers Film ist es jedoch gerade diese Mikroebene, auf der die diegetische Welt bis zum Punkt ihrer vollständigen Auflösung brüchig wird und sich auf eine radikal dialogische und kommunikative Form der Interaktion mit seinem historischen Publikum hin öffnet. Anstatt den Film nach außen hin abzudichten, scheint die in LOLA RENNT per Erzählrhythmus und Figurenplatzierung unermüdlich vorgenommene Umwandlung von Räumen

---

der Verräumlichung der Zeit in der Kunst der Postmoderne findet sich bei Fredric Jameson: The End of Temporality. In: *Critical Inquiry* 29:3 (2003), S. 695–718.
72 Sean Cubitt: *The Cinema Effect*. Cambridge, Mass. 2004, S. 239.
73 Cubitt: *The Cinema Effect*, S. 239.
74 Cubitt: *The Cinema Effect*, S. 239.
75 Cubitt: *The Cinema Effect*, S. 239.
76 Cubitt: *The Cinema Effect*, S. 361.

in Orte und von Zeit in Ereignisse⁷⁷ ganz im Gegenteil die Funktion zu erfüllen, die Kluft zwischen der filmischen Artikulation und einer sozialen (Medien-)Realität zu überbrücken, mit der der Film Kontakt aufnehmen und in die er eingreifen will. So gesehen wäre auch das zentrale visuelle Motiv der Spirale nicht länger als Metapher einer um sich selbst kreisenden Wendung nach innen zu begreifen, sondern im Sinne Foucaults als Emblem für die Entfesselung der zentrifugalen Kräfte, mit denen der Film die rhythmische Destruktion einer gegenüber der sozialen Wirklichkeit seines Publikums abgeschotteten diegetischen Welt betreibt.⁷⁸

Dass die Erzählhandlung von LOLA RENNT durch ontologisch unsicheres Gelände führt, das immer wieder über den diegetischen Horizont hinausweist und, mit Foucault gesprochen, „keine unüberwindbaren Grenzen zieht, sondern *unaufhörliche Spiralen* der Macht und der Lust",⁷⁹ wird vom Ende des Films noch einmal bekräftigt. Im streng narrativen Sinne mag die letzte Einstellung mit Lola und Manni, die – beide mit einer Plastiktüte voller Geld – endlich zusammen die verhexte Kreuzung verlassen (Abb. 5.6), als Happy End durchgehen, an dem das Liebespaar zu guter Letzt wieder vereint und der Erzählkonflikt gelöst ist.⁸⁰

Mit Blick auf die Form, in der dies dargestellt ist, lassen sich jedoch Zweifel anmelden. Der Eindruck einer glücklichen Schlusswendung wird erheblich dadurch beeinträchtigt, dass die Bewegung der beiden mitten in der Aktion per Freeze Frame stillgestellt wird und auf diese Weise zu einem weiteren schnappschussartigen Standbild gerinnt, das die befreiende Dynamik ins grafisch Abstrakte kippen und den Dialog gewaltsam just an der Stelle abbrechen lässt, an

---

77 Womit zwei zentrale Prozesse angesprochen sind, die filmische Diskursivität im Rahmen der Narration vollzieht. Vgl. Stephen Heath: Narrative Space. In: Philip Rosen (Hg.): *Narrative, Apparatus, Ideology. A Film Theory Reader.* New York 1986, S. 379–420.
78 Gemäß einer Foucault'schen Konzeption verschiedener, in der Gesellschaft koexistierender Zeitregimes lässt sich Zeit als „ein stratifizierter Fluss" verstehen, der „in unterschiedlichen Geschwindigkeiten fortschreitet": „als ein Strang unbeweglicher Blöcke, von kurzen Pausen unterbrochen, als Abfolge explodierender Ereignisse, als eine Serie spiralförmig sich abwickelnder Sequenzen, als eine gerichtete Zeitspanne, die auf eine andere folgt und einer allmählichen systemischen Drift ausgesetzt ist, oder auch als eine Gegenwart, die ihre Freiheitspraktiken vertikal errichtet. Die Zeit hat viele Gesichter, je nachdem, an welchen Gegenständen sie Veränderungen bemisst (unterteilende Praktiken der Vernunft; Regeln der Wissensgenerierung; Machtapparate des Wissens, mit denen Körper diszipliniert werden; Produktionen moralischer Subjekte), aber selbst noch diese Gegenstände werden im Rahmen moralischer und politischer Vorhaben ausgewählt." Pascal Michon: Strata, Blocks, Pieces, Spirals, Elastics and Verticals. Six Figures of Time in Michel Foucault. In: *Time & Society* 11:2–3 (2002), S. 163–192, hier S. 185.
79 Michel Foucault, zit. nach Michon: Strata, Blocks, Pieces, Spirals, Elastics and Verticals, S. 174.
80 Sowohl Evans (Tom Tykwer's RUN LOLA RUN) als auch Schlipphacke (Melodrama's Other) verstehen das Ende des Films in diesem Sinne als ein eindeutig glückliches.

**Abb. 5.6:** Schlussbild als Freeze Frame.

der Lola Mannis Frage, was denn in ihrer Tüte sei, mit einem wissenden Lächeln beantwortet. Das stillgestellte Schlussbild von LOLA RENNT ist auch deswegen in seiner Bedeutung ambivalent, weil es auf die Serien von Polaroid-Schnappschüssen zurückverweist, in denen Tykwer im Verlauf des Films die alternativen Lebensläufe und Zukunftsszenarien einer ganzen Reihe von Passanten zusammengerafft hat, denen Lola auf ihrer Jagd durch Berlin begegnet.

Letztlich wird uns hier zu verstehen gegeben, dass der gesamte, dreifach gefaltete Erzählverlauf des Films in dem Moment, in dem er endlich am Punkt eines harmonischen Gleichgewichts anlangt, nichts anderes darstellt als ein modulares Intervall, das sich ebenso bequem – und ironisch – in einem einzigen Schnappschuss einkapseln und zusammenfassen lässt wie alle anderen elliptisch verkürzten Lebensabschnitte zuvor. Was dieses Ende so zwiespältig erscheinen lässt, ist seine radikale Offenheit sowohl in Bezug auf die Zukunft der beiden Protagonisten als auch in Bezug auf unsere Erfahrung des Films insgesamt. Das stillgestellte Bild – in das die Gesamtdynamik des Films sich wie in einem Verpuffungseffekt entlädt – repräsentiert die kleinstmögliche Einheit filmischer Zeitdarstellung, paradoxerweise umfasst es aber zugleich das Zeitintervall des Films als Ganzem und öffnet ihn auf die Zeit seiner Wahrnehmung im Kino hin. Auf diese Weise werden am Schlussbeat von LOLA RENNT Erzählzeit, erzählte Zeit und die Zeit der Wahrnehmung des Films zu einem einzigen rhythmischen Ereignis, sind sie zu einem ultimativen Intervall zusammengebunden, das – innerhalb der poetischen Logik des Films und über sie hinaus – zwischen den verschiedenen Raumschichten und Zeitmaßen von Narrativ und Narration, Rezeption und Perzeption vermittelt. Vielleicht lässt sich die historische Dimension des Films an eben diesem kontingenten Schnittpunkt der verschiedenen virulenten Zeitlichkeiten verorten. Nicht jedes Mal, wenn Chronos sein eigenes Bild verschlingt, bedeutet das immer auch gleich das Ende der Geschichte.

# Literaturverzeichnis

Altendorf, Guido, Werner Sudendorf und Wolfgang Theis (Hg.): *Friedrich Wilhelm Murnau – Die privaten Fotografien 1926–1931. Berlin, Amerika, Südsee.* München 2013.
[Anon.]: Wegbereiter in filmisches Neuland. In: *Der Film* 41 (8.10.1938).
[Anon.]: Legende im Hamburger Hafen. EIN MÄDCHEN GEHT AN LAND. In: *Der Film* 42 (15.10.1938).
[Anon.]: Glanzvoller Start in Hamburg. EIN MÄDCHEN GEHT AN LAND. In: *Film-Kurier* 230 (01.10.1938).
[Anon.]: Hafenfilm mit Nebelpulver und Nebelbombe. Ufa und Terra filmen im Hafen – heute Nacht gibt's eine dramatische Barkassenverfolgung. In: *Hamburger Tageblatt* (19.5.1938).
[Anon.]: „Lord" getestet. In: *Norddeutsche Zeitung* (29.01.1967).
[Anon.]: „Ein Lord am Alexanderplatz". In: *Filmwerbung* 29, 1967, S. 3.
Bachelard, Gaston: *Poetik des Raumes* [1957]. Frankfurt am Main 2007.
Bakels, Jan-Hendrik: *Audiovisuelle Rhythmen. Filmmusik, Bewegungskomposition und die dynamische Affizierung des Zuschauers.* Berlin und Boston 2017.
Bal, Mieke: *Narratology. Introduction to the Theory of Narrative.* Toronto, Buffalo und London ²1997.
Beller, Hans, Martin Emele und Michael Schuster (Hg.): *Onscreen / Offscreen. Grenzen, Übergänge und Wandel des filmischen Raumes.* Stuttgart 2000.
Besetzungsliste „Heiratsschwindler" [undatiert], Nachlass Günter Reisch, Filmmuseum Potsdam, Sammlungen.
bh: Der Lord vom Alex. In: *Berliner Zeitung* (16.07.1966).
Bianco, Jamie Sky: Techno-Cinema. In: *Comparative Literature Studies* 41:3 (2004), S. 377–403.
Böhme, Gernot: *Atmosphäre. Essays zur neuen Ästhetik.* Frankfurt am Main 1995.
Bordwell, David: Film Futures. In: *SubStance* 31:1 (2002), S. 88–104.
Borew, Juri: „Der Waffen liebste Gattung". In: *Über die Satire im Film,* hg. v. Ministerium für Kultur, Hauptverwaltung Film (Beiträge zu Fragen der Filmkunst, Heft 6). Berlin o. J. [1954], S. 7–32.
Borkowski, Dieter: Der Lord vom Alex. In: *Filmspiegel* 26, 1966, S. 4–7.
Borkowski, Dieter: Kavalier mit Charme und Rose. Demnächst auf der Leinwand: „Der Lord vom Alexanderplatz". In: *Neue Zeit* (29.01.1967).
Brecht, Bertolt: Flüchtlingsgespräche. In: Ders.: *Gesammelte Werke,* Bd. 6 (Prosa 2). Frankfurt am Main 1967, S. 1459.
Briegleb, Klaus: *1968. Literatur in der antiautoritären Bewegung.* Frankfurt am Main 1993.
Brodocz, André: Die politische Theorie des Dezisionismus: Carl Schmitt. In: André Brodocz und Gary S. Schaal (Hg.): *Politische Theorien der Gegenwart* I. Opladen 2006, S. 277–311.
Bruno, Giuliana: *Atlas of Emotion. Journeys in Art, Architecture, and Film.* New York 2002.
Büttner, Elisabeth und Joachim Schätz (Hg.): *Werner Hochbaum. An den Rändern der Geschichte filmen.* Wien 2011.
Certeau, Michel de: *Kunst des Handelns* [1980]. Berlin 1988.
Certeau, Michel de: *Das Schreiben der Geschichte* [1975]. Frankfurt am Main, New York, Paris 1991.
Conley, Tom: *Cartographic Cinema.* Minneapolis und London 2007.
Cubitt, Sean: *The Cinema Effect.* Cambridge, Mass. 2004.

Dams, Carsten und Frank Kessler: Bürgernahe Polizei. DIENST AM VOLK (D 1930). In: *Filmblatt* 11:30 (2006), S. 5–17.
Deleuze, Gilles: *Das Bewegungsbild. Kino 1* [1983]. Frankfurt am Main 1997.
Deleuze, Gilles: Ursachen und Gründe der einsamen Inseln [2002]. In: Ders.: *Die einsame Insel. Texte und Gespräche von 1953 bis 1974.* Frankfurt am Main 2003, S. 10–17.
Demmler, Barbara: Versuch einer Filmanalyse. „Ein Lord vom Alexanderplatz" [undatiertes Typoskript], Nachlass Günter Reisch, Filmmuseum Potsdam, Sammlungen.
Donnelly, Kevin J.: *The Spectre of Sound. Music in Film and Television.* London 2005.
Döring, Jörg, und Tristan Thielmann (Hg.): *Spatial Turn. Das Raumparadigma in den Kultur- und Sozialwissenschaften.* Bielefeld ²2009.
Einschätzung zu dem Drehbuch „Ein Lord vom Friedrichshain", Johannisthal, 29.01.1966 (Gericke/Hannemann), Nachlass Günter Reisch, Filmmuseum Potsdam, Sammlungen.
„Ein Werber geht an Bord …", Ufa-Werbematerial, Deutsche Kinemathek – Museum für Film und Fernsehen, Schriftgutarchiv, Mappe „EIN MÄDCHEN GEHT AN LAND".
Elia-Borer, Nadja, Constanze Schellow, Nina Schimmel, Bettina Wodianka (Hg.): *Heterotopien. Perspektiven einer intermedialen Ästhetik.* Bielefeld 2013.
Elsaesser, Thomas: Spectators of Life. Time, Place, and Self in the Films of Wim Wenders. In: Roger F. Cook und Gerd Gemünden (Hg.): *The Cinema of Wim Wenders. Image, Narrative, and the Postmodern Condition.* Detroit 1997, S. 240–256.
Eskelinen, Markku: Towards Computer Game Studies. In: Noah Wardrip-Fruin und Pat Harrigan (Hg.): *First Person. New Media as Story, Performance, and Game.* Cambridge, Mass. 2004, S. 36–44.
Evans, Owen: Tom Tykwer's RUN LOLA RUN. Postmodern, Posthuman or „Post-theory"? In: *Studies in European Cinema* 1:2 (2004), S. 105–115.
Flinn, Caryl: The Music That Lola Ran To. In: Nora M. Alter und Lutz Koepnick (Hg.): *Sound Matters. Essays on the Acoustics of Modern German Culture.* New York und Oxford 2004, S. 197–213.
Forster, Kurt W.: Pathosformel als Engramm. *Der Mnemosyne-Atlas.* In: Ders.: *Aby Warburgs Kulturwissenschaft. Ein Blick in die Abgründe der Bilder.* Berlin 2018, S. 159–180.
Foucault, Michel: Vorrede zur Überschreitung [1963]. In: Ders.: *Von der Subversion des Wissens.* Hg. v. Walter Seitter. Frankfurt am Main ⁵2000, S. 28–45.
Foucault, Michel: Von anderen Räumen [1967]. In: Jörg Dünne und Stephan Günzel (Hg.): *Raumtheorie. Grundlagentexte aus Philosophie und Kulturwissenschaften.* Frankfurt am Main ⁸2015, S. 317–329.
Foucault, Michel: *Die Heterotopien / Der utopische Körper. Zwei Radiovorträge.* Berlin ³2017.
Frahm, Laura: *Jenseits des Raums. Zur filmischen Topologie des Urbanen.* Bielefeld 2010.
Frei, Norbert: *1968. Jugendrevolte und globaler Protest.* München ²2017.
Freud, Sigmund: Der Dichter und das Phantasieren [1908]. In: Ders.: *Schriften zur Kunst und Literatur.* Frankfurt am Main 1987, S. 169–179.
Frölich, Ursula: Der Herr von gestern. In: *Wochenpost* 38 (14.09.1966), S. 26.
Funke, Christoph: Mit Homburg und dem Stern. Unernstes zum Lustspiel „Ein Lord am Alexanderplatz". In: *Der Morgen* (Ausgabe B), 05.03.1967.
Fürmetz, Gerhard (Hg.): *Schwabinger Krawalle. Protest, Polizei und Öffentlichkeit zu Beginn der 60er Jahre.* Essen 2006.
Galt, Rosalind: *The New European Cinema. Redrawing the Map.* New York 2006.
Gardies, André: *L'espace au cinéma.* Paris 1993.

Garwood, Ian: The *Autorenfilm* in Contemporary German Cinema. In: Tim Bergfelder, Erica Carter und Deniz Göktürk (Hg.): *The German Cinema Book*. London 2002, S. 202–210.
Geschonneck, Erwin: *Meine unruhigen Jahre*. Hg. v. Günter Agde. Berlin 1984.
Gilcher-Holtey, Ingrid: *1968. Eine Zeitreise*. Frankfurt am Main 2008.
Göring, Hans Joachim: Gelungener DEFA-Spaß. Großartiger Erwin Geschonneck als „Lord am Alexanderplatz". In: *Bauernecho. Organ der demokratischen Bauernpartei Deutschlands* (09.03.1967).
Göttler, Fritz: Vor dem Sündenfall. Rudolf Thomes Film Die Sonnengöttin. In: *Süddeutsche Zeitung* (30.12.1993).
Gras, Pierre: *Goodbye, Fassbinder! Der deutsche Kinofilm seit 1990*. Berlin 2014.
Grieb, Margit: Run Lara Run. In: Geoff King und Tanya Krzywinska (Hg.): *Screenplay. Cinema / Videogames / Interfaces*. London und New York 2002, S. 171–184.
Grisko, Michael: Günter Reischs Weihnachtsfilm ACH, DU FRÖHLICHE... (1962), oder das „Leben ist eine Leberwurst". In: ders.: (Hg.): *Zwischen Historienfilm und Gegenwartskomödie. Studien zum Werk des DEFA-Regisseurs Günter Reisch*. Marburg 2012, S. 123–140.
Grisko, Michael: Junges Gemüse (1956) oder „Marxismus" in Kappeshausen. Günter Reischs Debütfilm im Kontext der zeitgenössischen Lustspiel- und Satiredebatte. In: ders.: (Hg.): *Zwischen Historienfilm und Gegenwartskomödie. Studien zum Werk des DEFA-Regisseurs Günter Reisch*. Marburg 2012, S. 47–69.
Grob, Norbert: *Wenders*. Berlin 1991.
Grob, Norbert: Wasser ist Wasser – aber nicht nur. Zur Schönheit serieller Variation bei Rudolf Thome. In: Ulrich Kriest (Hg.): *Formen der Liebe. Die Filme von Rudolf Thome*. Marburg 2010, S. 202–225.
Hamm-Ehsani, Karin: Screening Modern Berlin. Lola Runs to the Beat of a New Urban Symphony. In: *Seminar. A Journal of Germanic Studies* 40:1 (Februar 2004), S. 50–65.
Haucke, Lutz: Günter Reisch. Von der Notwendigkeit des historischen Revolutionsfilms und der Filmkomödie. In: Rolf Richter (Hg.): *DEFA-Spielfilmregisseure und ihre Kritiker*, Bd. 1. Berlin 1981, S. 125–149.
Haupts, Tobias: Verweilen. Rudolf Thome, die Poetik der Dauer und die bundesdeutsche Filmgeschichte der 1980er Jahre. In: Ders. (Hg.): *Rudolf Thome*. München 2018, S. 63–77.
Heath, Stephen: Narrative Space. In: Philip Rosen (Hg.): *Narrative, Apparatus, Ideology. A Film Theory Reader*. New York 1986, S. 379–420.
Heller, Franziska: *Filmästhetik des Fluiden. Strömungen des Erzählens von Vigo bis Tarkowskij, von Houston bis Cameron*. München 2010.
Herzberg, Georg: Ein Mädchen geht an Land. In: *Film-Kurier* 241 (14.10.1938).
Hochbaum, Werner: Technik als Mittel der künstlerischen Filmgestaltung [1937]. In: Regina Schlagnitweit und Ralph Palka (Hg.): *Die Filme von Werner Hochbaum*. Wien 1996, S. 42–46.
Holzkamm, Elisabeth: Ein Mädchen geht an Land erfolgreich uraufgeführt. In: *Lichtbild-Bühne* 131 (01.10.1938).
H.U.: Heiterkeit in Sachen Honig. Das DEFA-Filmlustspiel „Ein Lord am Alexanderplatz". In: *Neue Zeit* (08.03.1967).
Jameson, Fredric: The End of Temporality. In: *Critical Inquiry* 29:3 (2003), S. 695–718.
Jay, Martin: *Songs of Experience. Modern American and European Variations on a Universal Theme*. Berkeley, Los Angeles und London 2005.

Kappelhoff, Hermann: Der Bildraum des Kinos. Modulationen einer ästhetischen Erfahrungsform. In: Gertrud Koch (Hg.): *Umwidmungen – architektonische und kinematographische Räume*. Berlin 2005, S. 138–149.
Kappelhoff, Hermann: Neue Sachlichkeit. In: Thomas Koebner (Hg.): *Reclams Sachlexikon des Films*. Stuttgart ²2007, S. 470–471.
Kark, Werner: Zum ersten Mal: Hamburg im Spielfilm. In: *Hamburger Tageblatt* (10.03.1938).
Kark, Werner: Hamburger gehen voran in Babelsberg. In: *Hamburger Tageblatt* (10.09.1938).
Kark, Werner: Hochbaum kehrt zum Experiment zurück. Von der RAZZIA über DIE EWIGE MASKE zu EIN MÄDCHEN GEHT AN LAND – ein Weg des guten Willens. In: *Hamburger Tageblatt* (24.09.1938).
Kark, Werner: Erster Vorstoß: EIN MÄDCHEN GEHT AN LAND. In: *Hamburger Tageblatt* (01.10.1938).
Kasjanowa, Ludmilla, und Anatoli Karawaschkin: *Begegnungen mit Regisseuren*. Berlin 1974.
Klaus, Ulrich J.: *Deutsche Tonfilme. Jahrgang 1938*. Berlin und Berchtesgaden 1998.
Kleiner, Marcus S. (Hg.): *Medien-Heterotopien. Diskursräume einer gesellschaftskritischen Medientheorie*. Bielefeld 2016.
Klötzer, Sylvia: *Satire und Macht. Film, Zeitung, Kabarett in der DDR*. Köln, Weimar und Wien 2006.
Koepnick, Lutz: Photographs and Memories. In: *South Central Review* 21:1 (2004), S. 94–129.
Kötzing, Andreas und Ralf Schenk (Hg.): *Verbotene Utopie. Die SED, die DEFA und das 11. Plenum*. Berlin 2015.
Kolker, Robert Phillip, und Peter Beicken: *The Films of Wim Wenders. Cinema as Vision and Desire*. Cambridge 1993.
Kohlenbach, Bernhard: Von der Hauptstadt des Deutschen Kaiserreiches zur Hauptstadt der DDR. In: Landesdenkmalamt Berlin (Hg.): *Denkmale in Berlin. Bezirk Mitte, Ortsteil Mitte*. Petersberg 2003, S. 82–181.
Koselleck, Reinhart: Raum und Zeit. In: Ders.: *Zeitschichten. Studien zur Historik*. Frankfurt am Main 2000, S. 78–96.
Koselleck, Reinhart: Standortbindung und Zeitlichkeit. Ein Beitrag zur historiographischen Erschließung der geschichtlichen Welt. In: Ders.: *Vergangene Zukunft. Zur Semantik geschichtlicher Zeiten*. Frankfurt am Main ¹⁰2017, S. 176–207.
Kracauer, Siegfried: *Theorie des Films. Die Errettung der äußeren Wirklichkeit*. Werke, Bd. 3, hg. v. Inka Mülder-Bach u. Mitarbeit v. Sabine Biebl. Frankfurt am Main 2005.
Kreimeier, Klaus: Vaterlandsloser Gesell. In: *Frankfurter Rundschau* (13.04.1996).
Kriest, Ulrich: Rudolf Thome – Ein Ethnograf des Inlands. In: Ders. (Hg.): *Formen der Liebe. Die Filme von Rudolf Thome*. Marburg 2010, S. 10–28.
Lefebvre, Henri: *Die Revolution der Städte* [1970]. Frankfurt am Main 1976.
Lefebvre, Henri: *Kritik des Alltagslebens*. Kronberg/Ts. 1977.
Lefebvre, Henri: *Rhythmanalysis. Space, Time and Everyday Life*. London und New York 2004.
Leidmann, Eva: Zwischen Film und Theater. In: *Hamburger Anzeiger* 16 (19.01.1929).
Leidmann, Eva: Der amerikanische Happyend-Film. In: *Hamburger Anzeiger* 38 (09.03.1929).
Leidmann, Eva: *Ein Mädchen geht an Land. Roman*. Berlin 1935.
Löw, Martina: *Raumsoziologie* [2001]. Frankfurt am Main 2007.
Lord am Alexanderplatz. Ein Filmlustspiel. Regiedrehbuch, DII vom 16.06.1966, Bild 9, Nachlass Günter Reisch, Filmmuseum Potsdam, Sammlungen.

Lücke, Hans: Dem Honig auf den Leim gegangen. Heiterer DEFA-Film „Ein Lord am Alexanderplatz". In: *BZ am Abend* (07.03.1967).
Mergenthaler, Volker: Kreisfahrten. Überlegungen zum ästhetischen Potential eines filmischen „Stilmittels". In: *Zeitschrift für Ästhetik und Allgemeine Kunstwissenschaft* 51:2 (2006), S. 269–286.
Meyer-Marwitz, Bernhard: Hamburg wartet auf „seinen" Film. Unsere Plattdeutschen drehen bei der Ufa. In: *Hamburger Anzeiger* (10.09.1938).
Michon, Pascal: Strata, Blocks, Pieces, Spirals, Elastics and Verticals. Six Figures of Time in Michel Foucault. In: *Time & Society* 11:2–3 (2002), S. 163–192.
Mitscherlich, Alexander: *Die Unwirtlichkeit unserer Städte. Anstiftung zum Unfrieden.* Frankfurt am Main 1965.
Murnau, Friedrich Wilhelm: Filme der Zukunft [1928]. In: Fred Gehler und Ullrich Kasten: *Friedrich Wilhelm Murnau*, Berlin 1990, S. 144–150.
Nabokov, Vladimir: *Ada oder Das Verlangen. Eine Familienchronik* [1969]. (= Gesammelte Werke, Bd. XI, hg. v. Dieter E. Zimmer.) Reinbek bei Hamburg 2010.
Niehaus, Michael: *Das Buch der wandernden Dinge. Vom Ring des Polykrates bis zum entwendeten Brief.* München 2009.
Osterhammel, Jürgen: Die Wiederkehr des Raums. Geographie, Geohistorie und historische Geographie. In: *Neue politische Literatur* 43, 1998, S. 374–395.
Patalas, Enno: TABU: Murnaus letzter Film. In: Hans Helmut Prinzler (Hg.): *Friedrich Wilhelm Murnau. Ein Melancholiker des Films.* Berlin 2003, S. 231–234.
Patalas, Enno: Einleitung. In: Friedrich-Wilhelm-Murnau-Stiftung (Hg.): *Friedrich Wilhelm Murnau – Südseebilder. Texte, Fotos und der Film* TABU. Berlin 2005, S. 9–16.
Pauleit, Winfried: „They may run, but they can't hide". Das Utopische in Tom Tykwers Bewegungsbildern. *Ästhetik & Kommunikation* 117 (Sommer 2002), S. 75–82.
Pohl, Astrid: *TränenReiche BürgerTräume. Wunsch und Wirklichkeit in deutschsprachigen Filmmelodramen 1933–1945.* München 2010.
Rancière, Jacques: *Das Ereignis 68 interpretieren. Politik, Philosophie, Soziologie.* Wien 2018
Rehahn, Rosemarie: Er sah aus wie ein Lord… DEFA-Schmunzelfilm von Günter Reisch und Kurt Belicke. In: *Wochenpost* (17.03.1967).
Reichsministerium für Volksaufklärung und Propaganda an die Adjudantur des Führers, 07.10.1938, Bundesarchiv Berlin, Sign. NS 10/79789.
Reisch, Günter: Handschriftliche Anmerkungen zu einzelnen Einstellungen [undatiert], Nachlass Günter Reisch, Filmmuseum Potsdam, Sammlungen.
Reisch, Günter: In schwierigsten Situationen immer optimistisch. In: *Ostsee-Zeitung* (16.09.1978).
Reisch, Günter: Erinnerungen im 30. Jahr der DDR (Teil I). Ein Werkstattgespräch – Diskussionspartner Lutz Haucke. In: *Filmwissenschaftliche Beiträge* 1, 1979, S. 5–34.
Reisch, Günter: Erinnerungen im 30. Jahr der DDR (Teil II). Ein Werkstattgespräch – Diskussionspartner: Lutz Haucke. In: *Filmwissenschaftliche Beiträge* 2, 1979, S. 84–110.
Reisch, Günter: Bist Du ein Arbeiter, oder bist Du kein Arbeiter? In: Ders.: *Anspruch, Realisierung und Zuschauer. Ausgewähltes – 70er Jahre. Eine Dokumentation.* Sonderheft *Aus Theorie und Praxis des Films* 7/8, 1980, S. 76.
Reisch, Günter: *Anspruch, Realisierung und Zuschauer. Ausgewähltes – 70er Jahre. Eine Dokumentation.* Sonderheft *Aus Theorie und Praxis des Films* 7/8, 1980.

Ressing, Karlheinz: „Cap Arkona im strahlenden Licht". Interessantes Ufa-Experiment im Hamburger Hafen. In: *Film-Kurier* 122 (27.05.1938).
rg.: Im Hafen wird gefilmt! Spritschmuggel und Ein Mädchen an Land. In: *Hamburger Anzeiger* (19.05.1938).
Rings, Guido: Zum Gesellschaftsbild zweier zeitgenössischer Märchen. Emotionale und kognitive Leitmotive in Tykwers LOLA RENNT und Jeunets LE FABULEUX DESTIN D'AMELIE POULAIN. Fabula 46:3–4 (2005), S. 198–216.
Ritter, Kelly: *Reframing the Subject. Postwar Instructional Film and Class-Conscious Literacies*. Pittsburgh 2015.
Roschlau, Johannes: Ein Mädchen geht an Land (1938). In: Christoph Fuchs und Michael Töteberg (Hg.): *Fredy Bockbein trifft Mister Dynamit. Filme auf den zweiten Blick*. München 2007, S. 109–114.
Rositzka, Eileen: *Cinematic Corpographies. Re-Mapping the War Film Through the Body*. Berlin und Boston 2018.
Salow, Friedrich: Er sah aus wie ein Lord... In: *Filmspiegel* 7 (05.04.1967).
Schenk, Ralf: Zwischen Komik und Pathos. Der Regisseur Günter Reisch – Skizzen zu einem Porträt. In: *Film-Dienst* 25, 1997, S. 4–7.
Schindhelm, Michael: *Walter Spies. Ein exotisches Leben*. München 2018.
Schirrmeister, Hermann: Ein Filmspaß mit Geschonneck. „Ein Lord am Alexanderplatz" (DEFA). In: *Tribüne* (07.03.1967).
Schlagnitweit, Regina und Ralph Palka (Hg.): *Die Filme von Werner Hochbaum*. Wien 1996.
Schlipphacke, Heidi: Melodrama's Other. Entrapment and Escape in the Films of Tom Tykwer. In: *Camera Obscura* 21:2 (2006), S. 108–143.
Schlögl, Karl: *Im Raume lesen wir die Zeit. Über Zivilisationsgeschichte und Geopolitik*. Frankfurt am Main ²2007.
Schmitt, Carl: *Der Wert des Staates und die Bedeutung des Einzelnen* [1914]. Berlin 2004.
Schmitt, Carl: *Land und Meer. Eine weltgeschichtliche Betrachtung* [1942]. Stuttgart 2001.
Schmitt, Carl: Das Recht als Einheit von Ordnung und Ortung [1950]. In: Jörg Dünne und Stephan Günzel (Hg.): *Raumtheorie. Grundlagentexte aus Philosophie und Kulturwissenschaften*. Frankfurt am Main 2006, S. 409–419.
Schneider, Albert: Ein Mädchen geht an Land. In: *Lichtbild-Bühne* 242 (14.10.1938).
Schreiben des VEB DEFA-Studio für Spielfilme KAG „Johannisthal" an Günter Reisch, 23.06.1966, Nachlass Günter Reisch, Filmmuseum Potsdam, Sammlungen.
Schüler, Rolf und Rudolf Thome: Liebe auf den zweiten Blick. Phänomenologie der Liebe. In: *Film + Fernsehen* 4–5 (1994), S. 26.
Sedlmaier, Alexander: *Konsum und Gewalt. Radikaler Protest in der Bundesrepublik*. Berlin 2018.
Sierek, Karl: Filmwissenschaft. In: Stephan Günzel (Hg.): *Raumwissenschaften*. Frankfurt am Main 2009, S. 125–141.
SS-Obersturmführer Bahls an das Reichsministerium für Volksaufklärung und Propaganda, 04.11.1938, Bundesarchiv Berlin, Sign. NS 10/79789.
Stellungnahme des Ministeriums des Innern zu unserem Drehbuch „Ein Lord vom Alexanderplatz" (Der Heiratsschwindler), Berlin, 09.03.1966 (Klein), Nachlass Günter Reisch, Filmmuseum Potsdam, Sammlungen.
Stowell, John: *Walter Spies. A Life in Art*. Jakarta 2011.

Tellenbach, Hubert: Das Atmosphärische als das Umgreifende [1968]. In: Stephan Günzel (Hg.): *Texte zur Theorie des Raums*. Stuttgart 2013, S. 64–66.

Theuer, Livia: Dionysos Talking. Frauen-Männer vice versa im Thome-Kosmos. In: Ulrich Kriest (Hg.): *Formen der Liebe. Die Filme von Rudolf Thome*. Marburg 2010, S. 232–258.

Tholen, Christoph: Heterotopien. Eine epistemologische Skizze. In: Nadja Elia-Borer, Constanze Schellow, Nina Schimmel, Bettina Wodianka (Hg.): *Heterotopien*, S. 9–13.

Thome, Rudolf: Das ist eine Utopie. Das Kino, von dem ich träume [1979]. In: UlrichKriest (Hg.): *Formen der Liebe. Die Filme von Rudolf Thome*. Marburg 2010, S. 115–118.

Thome, Rudolf: Traurige Tropen. In: Hans Helmut Prinzler (Hg.): *Friedrich Wilhelm Murnau. Ein Melancholiker des Films*. Berlin 2003, S. 217–218.

Thome, Rudolf und Cynthia Beatt: Beschreibung einer Insel. Ein ethnografischer Spielfilm. In: *Filmkritik* 21:5 (1977), S. 229.

Töteberg, Michael (Hg.): *Lola rennt. Das Buch zum Film*. Reinbek bei Hamburg 1998.

Töteberg, Michael (Hg.): *Szenenwechsel. Momentaufnahmen des jungen deutschen Films*. Reinbek bei Hamburg 1999.

Ufa-Werbematerial, Deutsche Kinemathek – Museum für Film und Fernsehen, Schriftgutarchiv, Mappe „Ein Mädchen geht an Land".

Wagner, Brigitta B.: *Berlin Replayed. Cinema and Urban Nostalgia in the Postwall Era*. Minneapolis und London 2015.

Wedel, Michael: *Filmgeschichte als Krisengeschichte. Schnitte und Spuren durch den deutschen Film*. Bielefeld 2011.

Wedel, Michael: Das Wunder von Wuppertal. Tom Tykwer, Miracolo a Milano und das Märchenhafte. In: Regina Brückner, Bernhard Groß, Matthias Grotkopp, Eileen Rositzka (Hg.): *Im Verwandeln der Zeit. Reflexionen über filmische Bilder*. Berlin 2019, S. 13–24.

Wenders, Wim: *Die Logik der Bilder. Essays und Gespräche*. Frankfurt am Main 2017.

Werner, Wilfriede: Zwischen Peenemünde und Alexanderplatz. Neue Filme aus Babelsberg. In: *Frankfurter Rundschau* (25.05.1967).

Wischnewski, Klaus: Träumer und gewöhnliche Leute. 1966 bis 1979. In: Ralf Schenk (Red.): *Das zweite Leben der Filmstadt Babelsberg. DEFA-Spielfilme 1946–1992*. Berlin 1994, S. 213–263.

Witte, Karsten: Hochbaum, der Periphere: ein Zentraler. Notiz zu Morgen beginnt das Leben (1933). In: *Kinoschriften. Jahrbuch der Gesellschaft für Filmtheorie*, Bd. 3. Wien 1992, S. 5–14.

Witte, Karsten: Film im Nationalsozialismus. In: Wolfgang Jacobsen, Anton Kaes und Hans Helmut Prinzler (Hg.): *Geschichte des deutschen Films*. Stuttgart und Weimar 1993, S. 119–170.

Wittmann, Ingrid: „Echte Weiblichkeit ist ein Dienen". Die Hausgehilfin in der Weimarer Republik und im Nationalsozialismus. In: Frauengruppe Faschismusforschung (Hg.): *Mutterkreuz und Arbeitsbuch. Zur Geschichte der Frauen in der Weimarer Republik und im Nationalsozialismus*. Frankfurt am Main 1981, S. 15–48.

# Filmverzeichnis

ACH, DU FRÖHLICHE... Regie: Günter Reisch. DEFA, DDR 1962.
ALPHAVILLE [LEMMY CAUTION GEGEN ALPHA 60]. Regie: Jean-Luc Godard. André Michelin Productions, F 1965.
ANTON DER ZAUBERER. Regie: Günter Reisch. DEFA, DDR 1978.
BERLIN CHAMISSOPLATZ. Regie: Rudolf Thome. Anthea Film, Moana-Film, Polytel International Film, D 1980.
DU HAST GESAGT, DASS DU MICH LIEBST. Regie: Rudolf Thome. Moana-Film, D 2006.
EINE NACHT IM MAI. Regie: Georg Jacoby. UFA, D 1938.
EIN LORD AM ALEXANDERPLATZ. Regie: Günter Reisch. DEFA, DDR 1967.
EIN MÄDCHEN GEHT AN LAND. Regie: Werner Hochbaum. UFA, D 1938.
DIE EWIGE MASKE. Regie: Werner Hochbaum. Tobis-Sascha Film, Progress-Film, D 1935.
FANNY ELSSLER. Regie: Paul Martin. UFA, D 1937.
FRAU FÄHRT, MANN SCHLÄFT. Regie: Rudolf Thome. Moana-Film, D 2004.
FRAU SIXTA. Regie: Gustav Ucicky. Tonlicht-Film, D 1938.
FRAU VENUS UND IHR TEUFEL. Regie: Ralf Kirsten. DEFA, DDR 1967.
DAS GEHEIMNIS. Regie: Rudolf Thome. Moana-Film, D 1995.
GELD FÄLLT VOM HIMMEL. Regie: Heinz Helbig. Nordland-Film, Alba Film, D 1938.
HOCHZEITSNACHT IM REGEN. Regie: Horst Seemann. DEFA, DDR 1967.
JUNGES GEMÜSE. Regie: Günter Reisch. DEFA, DDR 1956.
KARBID UND SAUERAMPFER. Regie: Frank Beyer. DEFA, DDR 1963.
DIE KREUTZERSONATE. Regie: Veit Harlan. Georg Witt-Film, D 1937.
KUHLE WAMPE. Regie: Slatan Dudow u. Bertolt Brecht. Prometheus Film, D 1932.
LAND DER LIEBE. Regie: Reinhold Schünzel. Georg Witt-Film, D 1937.
LOLA RENNT. Regie: Tom Tykwer. X Filme Creative Pool, D 1998.
DAS MÄDCHEN IRENE. Regie: Reinhold Schünzel. UFA, D 1936.
MAIBOWLE. Regie: Günter Reisch. DEFA, DDR 1959.
MARIE ANTOINETTE [MARIE-ANTOINETTE]. Regie: W. S. Van Dyke. Metro-Goldwyn-Mayer, USA 1938.
MEINE FREUNDIN SYBILLE. Regie: Wolfgang Luderer. DEFA, DDR 1967.
MENSCHEN AM SONNTAG. Regie: Robert Siodmak, Edgar G. Ulmer und Billy Wilder. Filmstudio 1929, Kirch Media, D 1930.
MORGEN BEGINNT DAS LEBEN. Regie: Werner Hochbaum. Ethos-Film, D 1933.
NELKEN IN ASPIK. Regie: Günter Reisch. DEFA, DDR 1976.
NOSFERATU. Regie: Friedrich Wilhelm Murnau. Prana-Film, D 1922.
PARADISO. Regie: Rudolf Thome. Moana-Film, D 2000.
PECHMARIE. Regie: Erich Engel. Klagemann-Film, D 1935.
DER PHILOSOPH. Regie: Rudolf Thome. Moana-Film, D 1989.
PINK. Regie: Rudolf Thome. Moana-Film, D 2009.
POLIZEIFILM. Regie: Wim Wenders. Bayerischer Rundfunk, D 1968/69.
RAZZIA IN ST. PAULI. Regie: Werner Hochbaum. Orbis-Film, D 1932.
SAME PLAYER SHOOTS AGAIN. Regie: Wim Wenders. Wim Wenders, D 1967.
SCHATTEN ÜBER ST. PAULI. Regie: Fritz Kirchhoff. Terra-Filmkunst, D 1938.
SCHAUPLÄTZE. Regie: Wim Wenders. Wim Wenders, D 1967.
SCHEIDUNGSREISE. Regie: Hans Deppe. Minerva-Tonfilm, D 1938.

Die seltsamen Abenteuer des Fridolin B. Regie: Wolfgang Staudte. DEFA, D 1948.
Das Sichtbare und das Unsichtbare. Regie: Rudolf Thome. Moana-Film, D 2007).
Silver City. Regie: Wim Wenders. Wim Wenders, D 1969.
Die Sonnengöttin. Regie: Rudolf Thome. Moana-Film, D 1993.
Das Stacheltier – Der Dieb von San Marengo. Regie: Günter Reisch. DEFA, DDR 1963.
Steputat & Co. Regie: Carl Boese. Terra-Filmkunst, D 1938.
Summer in the City. Regie: Wim Wenders. Hochschule für Fernsehen und Film München, Wim Wenders Stiftung, D 1971.
Sunrise [Sonnenaufgang]. Regie: Friedrich Wilhelm Murnau. Fox Film, USA 1927.
Tabu. Regie: Friedrich Wilhelm Murnau. Murnau-Flaherty Productions, D 1931.
Der Untertan. Regie: Wolfgang Staudte. UFA, DDR 1951.
Das Verlegenheitskind. Regie: Peter Paul Brauer. UFA, D 1938.
Verwirrung der Liebe. Regie: Slatan Dudow. DEFA, DDR 1959.
Vorstadtvarieté. Regie: Werner Hochbaum. Styria-Film, AT 1934.
Wozzeck. Regie: Georg C. Klaren. DEFA, D 1947.
Zwei Frauen. Regie: Hans H. Zerlett. Tobis-Filmkunst, D 1938.

www.ingramcontent.com/pod-product-compliance
Lightning Source LLC
Chambersburg PA
CBHW070808230426
43665CB00017B/2538